仁义第十三

贞观元年，太宗曰：『朕看古来帝王以仁义为治者，国祚延长，任法御人者，虽救弊于一时，败亡亦促。既见前王成事①，足是元龟。今欲专以仁义诚信为治，望革近代之浇薄也。』黄门侍郎王珪对曰：『天下凋丧日久，陛下承其余弊，弘道移风，万代之福。但非贤不理，惟在得人。』太宗曰：『朕思贤之情，岂舍梦寐！』给事中杜正伦进曰：『世必有才，随时听用，岂待梦傅说，逢吕尚，然后为治乎？』太宗深纳其言。

注释 ①成事：已成之事，代指前人的经验教训。

译文 贞观元年（627年），唐太宗说：『我看自古以来以仁义之道治理国家的帝王，都是国运绵长，用法律以控制人民的帝王，虽然能够一时挽救混乱的局面，但失败和灭亡也很迅速。既然看到前代帝王的经验教训，足可以作为戒鉴。如今我打算专以仁义诚信来治理国家，希望能够改变近代以来浮薄的风气。』黄门侍郎王珪回答说：『天下丧乱困顿的时间已久，陛下承接前人留下的陋蔽之俗，弘扬道义变革风俗，这是可以泽及万代的福祉。但是如果不是依靠贤人国家便得不到安宁，问题只在于如何获得人才。』唐太宗说：『我希望得到贤才的心情，即使在睡梦中也没有忘记！』给事中杜正伦向前说：『世间一定有贤才，随时可以听候任用，难道还要等到梦见傅说，遇到姜尚之后，才开始治理国家吗？』唐太宗对他的话深表赞同。

评点 在中国古代的『仁政』思想中，『任贤』是一项重要的要求。正如汉代贾谊所说：『人民是安定还是混乱取决于官吏，国家是安全还是危险取决于治理，所以圣明的君主对于国家治理，是很谨慎的；对于官吏的选拔，是要严格挑选的，只有这样，国家才能够兴旺。』（《新书·大政下》）

贞观二年，太宗谓侍臣曰：『朕谓乱离①之后，风俗难移，比观百姓渐知廉耻，官民奉法，盗贼日稀，故知人无常俗，但政有治乱耳。是以为国之道，必须抚之以仁义，示之以威信，因人之心，去其苛刻，不作异端②，自然安静，公等宜共行斯事也。』

注释 ①乱离：政治混乱，给国家带来忧患、动荡。②异端：指无关紧要的事物。

译文 贞观二年（628年），唐太宗对身边侍从的大臣说：『我认为国家混乱动荡之后，风俗很难变革，近来见老百姓渐渐懂得了廉耻，官吏和人民都遵守法律，盗贼日益稀少，因此明白了人民没有不变的风俗，只是政治有治与乱的区别罢了。所以治理国家的原则，必须要用仁义来安抚人民，对人民示以威严和诚信，顺应民心，革除苛刻暴虐的政策，不做无关紧要的事情，国家自然安宁，你们应当一起来做这样的事情。』

评点 『风俗有古今，人心无古今。』只要积极推行教化，措施得力，社会一定能够实现安定有序，风俗淳厚。

贞观四年，房玄龄奏言：『今阅武库甲仗①，胜隋日远矣。』太宗曰：『饬兵备寇虽是要事，然朕唯欲卿等存心理道，务尽忠贞，使百姓安乐，便是朕之甲仗。隋炀帝岂为甲仗不足，以至灭亡？正由仁义不修，而群下怨叛故也。宜识此心。』

注释 ①甲仗：铠甲仪仗，泛指兵器。

译文 贞观四年（630年），房玄龄上奏说：『如今看看武器库中的兵器储备，已经超过隋朝时很多了。』唐太宗说：『整顿军备防范敌寇虽然是国家的大事，但是我只希望你们心里想着理政之道，一定要竭尽忠贞之心，使老百姓安居乐业，这就是我的武器。隋炀帝难道是因为武器不足才导致了国家灭亡吗？正是由于他不修行仁义，而导致臣下怨恨背叛的缘故。你们应当理解我这个心意。』

评点 战争的胜负结果，统治的稳固与否，归根结底都掌握在人民手里。正如贾谊所说：『战争能够取得胜利，是因为老百姓想要胜利；进攻能够有所获得，是因为老百姓想要获得；防守能够取得成功，是因为老百姓想要成功。所以率领人民防守，但老百姓不想成功，那么就没有能够保全的；率领人民进攻，但老百姓不想获得，那么就没有能够攻克的；率领人民进行战争，但老百姓不想胜利，那么就没有能够胜利的。』（《新书·大政上》）

贞观十三年，太宗谓侍臣曰：『林深则鸟栖，水广则鱼游，仁义积则物①自归之。人皆知畏避灾害，不知行仁义则灾害不生。夫仁义之道，当思之在心，常令相继，若斯须懈怠，去之已远。犹如饮食资身，恒令腹饱，乃可存其性命。』

王珪顿首曰：『陛下能知此言，天下幸甚！』

注释 ①物：人，人民。

译文 贞观十三年（639年），唐太宗对侍从的大臣说：『树林深了就有鸟来栖息，水域大了就有鱼来游弋，仁义积累深厚了那么人民自然就会来归服。人们都知道害怕和躲避灾害，却不知道施行仁义就能够使灾害不发生。仁义之道，应当记在心中，使其不间断地得到推行，如果一刻懈怠，就会背离仁义之道很远了。这就像饮食有益于身体一样，一直都使肚子吃饱，才可以保存生命。』王珪点头说：『陛下能知道这个道理，天下人真是太幸运了！』

评点 在国家治理中，统治者必须看到民心向背的重要性，在施政时充分考虑到人民的利益，爱民、惠民、利民，实行德治、仁政，不能愚弄人民，更不能残害人民。否则便等于自取灭亡。

忠义第十四

冯立，武德中为东宫率①，甚被隐太子亲遇。太子之死也，左右多逃散，立叹曰：『岂有生受其恩，而死逃其难！』于是率兵犯玄武门，苦战，杀屯营将军敬君弘。谓其徒曰：『微以报太子矣。』遂解兵遁于野。俄而来请罪，太宗数之曰：『汝昨者出兵来战，大杀伤吾兵，将何以逃死？』立饮泣而对曰：『立出身②事主，期之效命，当战之日，无所顾惮。』因歔欷悲不自胜，太宗慰勉之，授左屯卫中郎将。立谓所亲曰：『逢莫大之恩幸而获免，终当以死奉答。』未几，突厥至便桥③，率数百骑与虏战于咸阳，杀获甚众，所向皆披靡，太宗闻而嘉叹之。时有齐王元吉府左车骑谢叔方率府兵与立合军拒战，及杀敬君弘、中郎将吕衡，王师不振，秦府护军尉尉迟敬德乃持元吉首以示之，叔方下马号泣，拜辞而遁。明日出首，太宗曰：『义士也。』命释之，授右翊卫郎将。

注释 ①东宫率：掌管东宫侍卫的武官。②出身：献身，不惜生命。③便桥：即便门桥，在长安城西门外。《三辅决録》中说：「长安城西门曰便门，桥北与门对，因号便桥。」

译文 冯立，武德年间担任东宫率，深得隐太子李建成的恩宠和礼遇。太子死了之后，身边的人大多逃散了，冯立感叹道：『哪有活着的时候受他的恩惠，死了之后却躲避灾难的道理呢！』于是率兵攻打玄武门，拼死战斗，杀死屯营将军敬君弘。冯立对他的部下们说：『可以稍微报答太子了。』于是解除武装逃到野外去了。不久又回来请罪，唐太宗责备他说：『你昔日领兵来攻打我，杀死了我许多将士，打算怎么逃脱被处死呢？』冯立哭着回答说：『我不惜生命事奉主人，期望能够以死报效，没有什么可畏惧的。』于是悲伤抽泣不能自持，唐太宗安慰劝勉他，授予他左屯卫中郎将之职。冯立对亲近的人说：『遇到皇帝莫大的恩德而有幸被赦免，一定要以死来报答。』不久，突厥进犯到长安城西门外的便桥，冯立率几百骑兵与敌人激战于咸阳，杀死和俘获很多，所向披靡，唐太宗听说之后对他表示赞叹。当时还有齐王李元吉府的左车骑谢叔方率府兵与冯立合军抗拒李世民的人马，到杀了敬君弘、中郎将吕衡时，李世民的人马士气不振，秦王府护军尉尉迟敬德于是把李元吉的首级拿给他看，谢叔方下马痛哭，叩拜辞别之后逃走了。第二天他又来自首，唐太宗说：『这是一个义士啊。』下令放了他，授予右翊卫郎将的职务。

评点 其实，李世民不计前嫌任用人才，并使对方竭尽忠心的例子还有许多，比如王珪、魏征等，都被传为佳话。

贞观元年，太宗尝从容①言及隋亡之事，慨然叹曰：『姚思廉不惧兵刃，以明大节，求诸古人，亦何以加也！』思廉时在洛阳，因寄物三百段，并遗其书曰：『想卿忠节之风，故有斯赠。』初，大业末，思廉为隋代王侑侍读，及义旗克京城时，代王府僚多骇散，惟思廉侍王，不离其侧。兵士将升殿，思廉厉声谓曰：『唐公举义兵，本匡王室，卿等不宜无礼于王！』众服其言，于是稍却，布列阶下。须臾，高祖至，闻而义之，许其扶代王侑至顺阳閤下，思廉泣拜而去。见者咸叹曰：『忠烈之士，仁者有勇②，此之谓乎！』

注释 ①从容：悠闲，闲暇。②仁者有勇：出自《论语·宪问》：「仁者必有勇。」

译文 贞观元年（627年），唐太宗在闲暇之间谈到了隋朝灭亡的事，颇有感慨地叹息道：『姚思廉不畏惧刀剑的威胁，来表明自己高尚的节操，即使对照古人的事迹，还有什么可以超过他的呢！』姚思廉当时在洛阳，于是寄给他三百段丝绸，并且写信给他说：『想起你忠贞节义的风操，所以有这些馈赠。』当初，大业末年，姚思廉为隋朝代王杨侑的侍读，等唐军的义师攻克京城时，代王府中的幕僚大多惊骇逃散，只有姚思廉还在侍奉代王，不离他的左右。兵士想要登到殿上去，姚思廉厉声对他们说：『唐公兴起义兵，本为了匡扶王室，那么不要对代王无礼！』众人都敬服他的话，于是稍稍往后退了一些，列队到台阶之下。不久，唐高宗李渊到了，听说之后觉得他忠义，准许他扶代王杨侑到顺阳宫的侧门之下，姚思廉哭着拜辞而去。看到的人都感叹说：『这是一个忠烈之士啊，仁者必有勇，说的就是他这种人吧！』

评点

张九成曾经评价姚思廉说：『君子以仁来保持诚，以义来作为勇，刀剑在眼前不能使他畏惧，凶恶暴虐的气势不能给他以威慑，这不是因为力量大，而是由于忠义之气的强盛啊。看看隋朝的灭亡，乱兵进入京城，侍从的大臣都惊慌逃散，姚思廉以一人之力奋不顾身，来保全君主的生命。这难道是因为众多的将士，还不如一句话有力吗？的

注释

①陪送：陪着离去的人一起走，这里指送葬。②委质：这里指献身、置身。③前宫：指前东宫太子李建成。结衅：造成罪过。宗社：宗庙社稷，代指国家。④人神：先祖的神灵。⑤周行：《诗经·周南·卷耳》有：『嗟我怀人，寘彼周行。』毛传曰：『行，列也。思君子，官贤人，置周之列位。』周行原指周官的行列，后泛指朝官。⑥陟冈：《诗经·魏风·陟岵》有：『陟彼冈兮，瞻望兄兮。』后以『陟冈』比喻怀念兄弟。⑦卜葬：择时择地安葬。孔颖达疏《礼记·杂记下》『卜葬其兄，弟曰「伯子某」』说：『谓卜葬择日而卜人祝龟之辞也。』愿意是埋葬死者，先占卜以择吉祥之葬日与葬地。⑧畴昔：往昔，从前。⑨宿草：坟墓上隔年的草，多用为悼亡之辞。《礼记·檀弓上》有：『朋友之墓，有宿草而不哭焉。』孔颖达疏曰：『宿草，陈根也，草经一年则根陈也，朋友相为哭一期，草根陈乃不哭也。』⑩瞻望：往远处或高处看。九原：原为山名，在今山西新绛北，相传春秋时晋国卿大夫的墓地在此，后世泛称墓地为九原。

译文

贞观二年（628年），将要安葬前息隐王李建成、海陵王李元吉，尚书右丞魏征与黄门侍郎王珪请求参加送葬。上书说：『我们当初受太上皇之命，在东宫任职，出入于太子宫中，将近12年。前太子对宗庙社稷犯下罪过，获罪于先祖的神灵，我们不能够死节或逃亡，甘愿接受杀戮，承担他的罪责，现在置身于朝官的行列，只是庸庸碌碌地度过一生，将如何报答圣上？陛下的德行照耀四海，道义超过历代君王，心中怀念兄弟，追思手足之情，彰明国家崇尚的大义，申明骨肉深切的感情，择定时日埋葬两位亲王，永别的日期眼看就要到了。我们一直追忆往昔，有愧于旧臣的称呼，失去了旧的君主有了新的君主，虽然履行了事奉新君的礼节，但坟墓上隔年的草都要长起来了，我们还没有表明为故人送葬的哀伤。远望着墓地，忆及所有深深的情义，希望在安葬的日子，能够送葬到墓地。』唐太宗觉得他们忠义同意了他们的请求，于是李建成太子宫和李元吉王府中的旧僚属官吏，都让他们去送葬。

评点

有唐太宗的大度，加上魏征、王珪等人的忠义，所以才能够成为千古佳话。

贞观五年，太宗谓侍臣曰：『忠臣烈士，何代无之？公等知隋朝谁为忠贞？』王珪曰：『臣闻太常丞元善达在京留守，见群贼纵横，遂转骑远诣江都①，谏炀帝，令还京师。既不受其言，后更涕泣极谏，炀帝怒，乃远使追兵，身死瘴疠②之地。有虎贲郎中独孤盛在江都宿卫，宇文化及起逆，盛惟一身，抗拒而死。』太宗曰：『屈突通为隋将，共国家③战于潼关，闻京城陷，乃引兵东走。义兵追及于桃林，朕遣其家人往招慰④，遽杀其奴。又遣其子往，乃云：「我蒙隋家驱使，已事两帝，今者吾死节之秋，汝旧于我家为父子，今则于我家为仇雠。」因射之，其子避走，所领士卒多溃散。通惟一身，向东南恸哭尽哀，曰：「臣荷国恩，任当将帅，智力俱尽，致此败亡，非臣不竭诚于国。」言尽，追兵擒之。太上皇授其官，每托疾固辞。此之忠节，足可嘉尚。』因敕所司，采访大业中直谏被诛者子孙闻奏。

注释 ①江都：今扬州。②瘴疠：即瘴气，指南部、西南部地区山林间湿热蒸发能致病之气。③国家：公家，朝廷，这里指唐朝。④家人：古代对仆人的称呼。招慰：招抚。

译文 贞观五年（631年），唐太宗对身边侍从的大臣说：『忠臣烈士，哪个朝代没有？你们知道隋朝谁可以称得上忠贞吗？』王珪说：『我听说太常丞元善达在京城留守，看到叛乱者四处纵横，于是辗转骑马远赴江都，劝谏隋炀帝，让他回到京城。隋炀帝不接受他的建议之后，再次痛哭流涕极言切谏，隋炀帝大怒，于是派他到远方追赶军队，结果死

在了南方瘴气弥漫的地区。还有虎贲郎中独孤盛在江都担任隋炀帝的守卫，宇文化及叛变，独孤盛只有一个人，奋力抵抗而被杀死。』唐太宗说：『屈突通为隋朝将军，同我军在潼关开战，听说京城失守，于是领兵向东而去。我军追到桃林，我派他的仆人前去招降他，于是他杀掉了自己的仆人。又派他的儿子去，他于是说：「我接受了隋朝的任用，已经事奉了两代皇帝，如今是我尽死节的时候，你以前对于我家来说与我是父子，如今则对于我家来说是仇敌。」于是用箭射他，他的儿子逃走了，所率领的士卒大多溃散了。屈突通只剩下一个人，向着东南方向放声痛哭，非常哀伤，说：「我承受国家的恩典，担任了统兵的将帅，才智和力气都已经用完了，落入了这种失败的境地，不是我没有对国家竭尽诚心啊。」说完之后，追兵把他抓住了。太上皇授给他官职，他屡次以有病为由推辞。这样的忠贞气节，足以令人赞美。』于是命令有关部门，搜集寻访大业年间因为直言进谏而被杀的大臣的子孙上报给朝廷。

评点 宋代之后把忠君理解为不事二主，同唐初这些事例比起来，有些偏狭了。

贞观六年，授左光禄大夫陈叔达礼部尚书，因谓曰：『武德中，公曾进直言于太上皇，明朕有克定大功，不可黜退云。朕本性刚烈，若有抑挫①，恐不胜忧愤，以致疾毙之危。今赏公忠謇，有此迁授。』叔达对曰：『臣以隋氏父子自相诛戮，以致灭亡，岂容目睹覆车，不改前辙？臣所以竭诚进谏。』太宗曰：『朕知公非独为朕一人，实为社稷之计。』

注释 ①抑挫：遭受压抑、挫折。

译文 贞观六年（632年），授予左光禄大夫陈叔达礼部尚书之职，于是对他说：『武德年间，你曾经向太上皇进直言，向他说明我有平定天下的大功，不能够罢官免职。我的性情原本很刚烈，如果遇到挫折，恐怕就要无比忧伤怨愤，以致于有生病死亡的危险。因为赞赏你忠诚正直，所以才有这一次升迁。』陈叔达说：『我认为隋朝皇帝父子相互杀戮，所以导致灭亡，怎么能够眼睁睁看着我朝也车马倾覆，还不更弦改辙呢？这就是我为什么要竭诚进谏的原因。』唐太宗说：『我知道你不是仅仅为了我一个人，其实是为了国家考虑。』

评点 陈叔达进谏之时李世民和太子李建成之间的矛盾已经非常明显，他不怕太子秉公而言，这是他的难能可贵之处。

贞观八年，先是桂州都督李弘节以清慎闻，及身殁后，其家卖珠。太宗闻之，乃宣于朝曰：『此人生平①，宰相皆言其清，今日既然，所举者岂得无罪？必当深理之，不可舍也。』侍中魏征承间②言曰：『陛下生平言此人浊，未见受财之所，今闻其卖珠，将罪举者，臣不知所谓。自圣朝以来，为国尽忠，清贞慎守，终始不渝，屈突通、张道源而已。通子三人来选，有一匹羸马，道源儿子不能存立，未见一言及之。今弘节为国立功，前后大蒙赏赉，居官殁后，不言贪残，妻子卖珠，未为有罪。审其清者，无所存问，疑其浊者，旁责举人，虽云疾恶不疑，是亦好善不笃。臣窃思度，未见其可，恐有识闻之，必生横议③。』太宗抚掌曰：『造次不思，遂有此语，方知谈不容易。并勿问之。其屈突通、张道源儿子，宜各与一官。』

注释 ①生平：素来，生年，在世的时候。②承间：趁机会。③横议：非议，非难。

译文 贞观八年（634年），桂州都督李弘节从前曾经以清廉谨慎而著称，等到他死了之后，他的家人有珍珠要卖。唐太宗听说之后，于是在朝廷上公开说：『这个人在世的时候，宰相们都说他为人清廉，今日既然有这种事情，举荐的人难道没有罪过吗？我一定要追查这件事，不能放过。』侍中魏征趁机会说：『陛下素来说这个人贪鄙，没有看到他接受贿赂的证据，如今听说他们家卖珍珠，就要怪罪举荐的人，我不明白你为什么这样说。自从我朝开国以来，为国尽忠，恪守清廉，始终不渝的人，只有屈突通和张道源二人而已。屈突通三个儿子来接受朝廷的选拔，却只有一匹瘦弱的马，张道源的儿子生活都难以维持，我从来没有听到您有一句话提到他们。如今李弘节为国家立下功劳，先后多次蒙受赏赐，当官死了之后，不能说他贪婪残暴，妻子儿子出卖珍珠，不能因此而获罪。考察之后觉得清廉的人，没有任何慰问，怀疑别人贪婪，连举荐的人都要牵连受责罚，虽说憎恨好人好事不能摇摆不定，这也算得上是喜欢好人好事却不是特别真切。我考虑，这样做未见其合理的地方，恐怕有见识的人听说之后，一定会有非议。』唐太宗拍着手说：『仓促之间缺乏思考，于是说出了这样的话，现在我才知道话也不是能够轻易说的。都不要再追问这件事了。屈突通、张道源的儿子，应当每人给他们一个官做。』

评点 做君主的考虑的往往是让臣子尽死节，而很少考虑他们的利益。如果大臣们自身生活都难以保障，那么无疑会减少他们为君主死心塌地服务的动力。

贞观八年，太宗将发诸道黜陟使，畿内道①未有其人，太宗亲定，问于房玄龄等曰：『此道事最重，谁可充使？』右仆射李靖曰：『畿内事大，非魏征莫可。』太宗作色曰：『朕今欲向九成宫，亦非小，宁可遣魏征出使？朕每行不欲与其相离者，适为其见朕是非得失。公等能正朕不？何因辄有所言，大非道理。』乃即令李靖充使。

注释

①畿内：指京城管辖的地区。道：中国古代的行政区划单位。

译文

贞观八年（634年），唐太宗将要委派各个道的黜陟使，畿内道没有合适的人选，唐太宗要亲自确定，向房玄龄等人询问说：『这个道最为关键，谁可以充任？』右仆射李靖说：『畿内关系重大，非魏征不可。』唐太宗变了脸色说：『我如今想到九成宫去，也不是小事，怎么能够把魏征派到外面去任职呢？我每次出行都不想和他分离的原因，就是因为他能够看到我的是非得失。你们能匡正我吗？为什么一开口说话，就如此没有道理。』于是马上下令让李靖来充当这个职务。

评点

关于为什么唐太宗执意要将魏征而不是李靖留在身边，戈直分析说：『李靖的才华，文武兼备，不是魏征所能比的。但是贞观年间可以没有李靖，但不可以没有魏征，为什么呢？这是因为李靖的才能，不过是增加唐太宗之所有余的部分，而魏征的谏诤，才能够补益唐太宗之所不足的部分。所以畿内的差遣唐太宗宁愿使用李靖，也不派遣魏征。』

贞观九年，萧瑀为尚书左仆射。尝因宴集，太宗谓房玄龄曰：『武德六年已后，太上皇有废立之心，我当此日，不为兄弟所容，实有功高不赏之惧。萧瑀不可以厚利诱之，不可以刑戮惧之，真社稷臣也。』乃赐诗曰：『疾风知劲草，板荡识诚臣①。』瑀拜谢曰：『臣特蒙诫训，许臣以忠谅，虽死之日，犹生之年。』

注释

①劲草：坚韧的草，多比喻操守坚贞，威武不屈的人。板荡：《板》、《荡》都是《诗经·大雅》的篇名，都是讥刺周厉王无道而导致国家败坏、社会动乱的诗篇，代指政局混乱或社会动荡。诚臣：忠诚的大臣。

译文

贞观九年（635年），萧瑀担任尚书左仆射。一次宴会群臣的时候，唐太宗对房玄龄说：『武德六年之后，太上皇对太子有重新废立的意思，我在这时候，不被兄弟所容纳，的确有功劳虽然大但却不能被赏赐的担忧。萧瑀不能够被丰厚利益所引诱，不能够用刑罚杀戮所恐吓，真是国家的栋梁啊。』于是赐诗给他说：『疾风知劲草，板荡识诚臣。（剧烈大风面前才能识别坚韧的草，社会动荡之后才能鉴别忠诚之臣。）』萧瑀拜谢说：『我接受了陛下专门的训诫，期望我能够忠诚正直，即使到死的时候，我也要像活着时一样恪守。』

评点

唐太宗对萧瑀赞赏，在于他无论顺境还是困境中，都对自己忠心不二。

贞观十一年，太宗行至汉太尉杨震墓，伤其以忠非命，亲为文以祭之。房玄龄进曰：『杨震虽当年夭枉①，数百年后方遇圣明，停舆驻跸，亲降神作，可谓虽死犹生，没而不朽。不觉助伯起幸赖欣跃于九泉之下矣。伏读天文，且感且慰，凡百君子，焉敢不勖励②名节，知为善之有效！』

注释 ①夭枉：短命早死。②勖励：勉励。

译文 贞观十一年（637年），唐太宗路过汉代太尉杨震的墓，感伤他因为忠心而死于非命，亲自写了祭文来祭奠他。房玄龄进言说：『杨震虽然当年短命早死，几百年后才遇到圣明的君主，停下车马，亲自撰写祭文，可以说是虽然死了也像活着一样，死而不朽，我都不由自主想要帮助他起来在九泉之下欢欣雀跃了。我读了您的祭文，又感动又欣慰，所有的君子，怎么能够不在名誉节操方面勉励自己，知道行善事能有好的结果呢！』

评点 《贞观政要》中，房玄龄对唐太宗的赞誉之词比比皆是，由此可见他与一向讽喻诤谏的魏征之不同。

贞观十一年，太宗谓侍臣曰：『狄人杀卫懿公，尽食其肉，独留其肝。懿公之臣弘演呼天大哭，自出其肝，而内懿公之肝于其腹中。今觅此人，恐不可得。』特进魏征对曰：『昔豫让为智伯报仇，欲刺赵襄子，襄子执而获之，谓之曰：「子昔事范、中行氏乎？智伯尽灭之，子乃委质智伯，不为报仇；今即为智伯报仇，何也？」让答曰：「臣昔事范、中行，范、中行以众人遇我，我以众人报之。智伯以国士①遇我，我以国士报之。」在君礼之而已，亦何谓无人焉？』

注释 ①国士：一国中才能最优秀的人物。

译文 贞观十一年（637年），唐太宗对身边侍从的大臣说：『狄族的人杀了卫懿公，把他的肉都吃光了，只留下了他的肝。卫懿公的大臣弘演对天号哭，自己取出了自己的肝，而把卫懿公的肝放在自己腹中。如今找这样的人，恐怕找不到了。』特进魏征回答说：『当年豫让为智伯报仇，想要刺杀赵襄子，赵襄子抓住了他，对他说：「你当年不是也曾经事奉范氏和中行氏吗？智伯把他们都消灭了，你于是留在了智伯那里，不为范氏和中行氏报仇；如今你却为智伯报仇，为什么呢？」豫让回答说：「我当年事奉范氏、中行氏，范氏和中行氏以对待一般人的态度对待我，我也以对待一般人的态度回报他们。智伯以对待一国中最优秀的人物的态度对待我，我也以对待一国中最优秀的人物的态度回报他。」只在于君主能不能以礼待人而已，又怎么能够说没有人呢？』

评点 正如孟子所说：『国君把臣下像自己的手脚一样看待，那么臣下就会把国君像自己的腹心一样看待；国君把臣下像狗马一样看待，那么臣下就会把国君像路人一样看待；国君把臣下像泥土草芥一样看待，那么臣下就会把国君像仇敌一样看待。』

贞观十二年，太宗幸蒲州，因诏曰：『隋故鹰击郎将尧君素，往在大业，受任河东，固守忠义，克终臣节。虽桀犬吠尧①，有乖倒戈之志，疾风劲草，实表岁寒②之心。爰践兹境，追怀往事，宜锡宠命③，以申劝奖。可追赠蒲州刺史，仍访其子孙以闻。』

注释 ①桀犬吠尧：出自汉代邹阳《狱中上书自明》：『今人主诚能去骄傲之心，怀可报之意，披心腹，见情

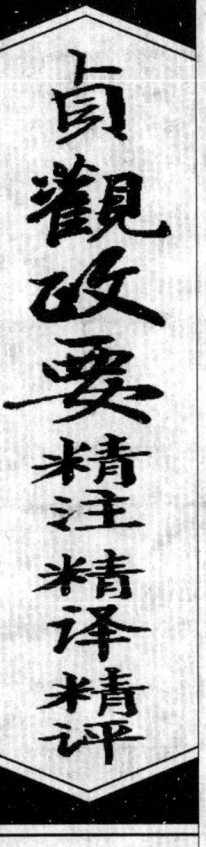

素，隳肝胆，施德厚，终与之穷达，无爱於士，则桀之狗可使吠尧，而跖之客可使刺由。』桀相传是夏朝的末代暴君，尧是传说中远古时代的圣君。桀的狗向着尧乱叫，比喻坏人的爪牙攻击好人，或各为其主。②岁寒：一年的严寒时节，比喻忠贞不屈的节操。③宠命：加恩特赐的任命。

译文 贞观十二年（638年），唐太宗来到蒲州，于是下诏说：『隋朝前鹰击郎将尧君素，当年在大业年间的时候，受命任职于河东，恪守忠义，最终能够保全臣节。虽然是桀犬吠尧，各为其主，违背倒转武器攻击暴君的意思，但是疾风知劲草，的确能够表明其坚贞的意志。如今踏上了这块土地，追思往事，应当给予他加恩赏赐，来表明劝勉奖赏。可追封他为蒲州刺史，再寻访他的子孙奏闻上来。』

评点 在这里，唐太宗表彰他的『仇敌』尧君素，无疑是为了给自己的臣子树立一个忠贞不二的榜样。

贞观十二年，太宗谓中书侍郎岑文本曰：『梁、陈名臣，有谁可称？复有子弟堪招引①否？』文本奏言：『隋师入陈，百司奔散，莫有留者，惟尚书仆射袁宪独在其主之傍。王世充将受隋禅，群僚表请劝进②，宪子国子司业承家，托疾独不署名。此之父子，足称忠烈。承家弟承序，今为建昌令，清贞雅操，实继先风。』由是召拜晋王友，兼令侍读，寻授弘文馆学士。

注释 ①招引：招致。②劝进：劝登帝位。

译文 贞观十二年（638年），唐太宗对中书侍郎岑文本说：『梁、陈时期有名的大臣，有谁可以称道？还有子

孙可以招致吗？』岑文本回答说：『隋朝的军队占领了陈的都城，各个部门的官员都逃散了，没有留下来的，只有尚书仆射袁宪一个人在他的君主的身边。王世充想要接受隋朝的禅让，群臣联名上表劝他登上帝位，只有袁宪的儿子国子司业袁承家，一个人推脱有病不署名。这样的父子，足可以成为忠烈。袁承家的弟弟袁承序，如今为建昌令，清廉忠贞德行高雅，确实是继承了前人的遗风。』于是将他召来封为晋王府的辅佐，兼任侍读，不久又授予弘文馆学士。

评点 在中国历史上，旌表、表彰是统治者常用的手段。通过这种方法树立起来的道德榜样对于其他社会成员来说，无疑会起到巨大的激励作用。

贞观十五年，诏曰：『朕听朝之暇，观前史，每览前贤佐时，忠臣徇国①，何尝不想见其人，废书钦叹②！至于近代以来，年岁非远，然其胤绪，或当见存，纵未能显加旌表，无容弃之遐裔③。其周、隋二代名臣及忠节子孙，有贞观已来犯罪配流者，宜令所司具录奏闻。』于是多从矜宥④。

注释 ①徇国：徇，通『殉』。为国家利益而献出生命。②钦叹：嗟叹。③遐裔：后裔。④矜宥：矜怜宽宥。

译文 贞观十五年（641年），唐太宗下诏说：『我在上朝听政的闲暇，观看前代的史籍，每当看到前代的贤臣辅佐当时的君主，忠臣为国家牺牲生命，何尝不想见到这样的人，放下书嗟叹不已！至于近代以来，时间还不是很远，然而他们的子孙，有的应当还在，即使不能给予显赫的表彰，也不允许抛弃他们的后裔。周、隋二代名臣及忠节之士的子孙，有在贞观以来犯罪发配流放的，应当让有关部门全部统计下来予以上奏。』于是很多人都被饶恕赦免。

评点 古代统治者表彰的对象，其实往往就是他们所期望的某种道德品质的化身。

贞观十九年，太宗攻辽东安市城①，高丽人众皆死战，诏令耨萨延寿、惠真等降，众止其城下以招之，城中坚守不动。每见帝幡旗，必乘城鼓噪②。帝怒甚，诏江夏王道宗筑土山，以攻其城，竟不能克。太宗将旋师，嘉安市城主坚守臣节，赐绢三百匹，以劝励事君者。

注释 ①安市城：在今辽宁安平境内。②乘城：登城。鼓噪：擂鼓呐喊，鸣鼓喧哗。

译文 贞观十九年（645年），唐太宗攻打辽东的安市城，高丽的守城军民都拼死战斗，下诏让耨萨延寿、惠真等人投降，人马停止攻城驻扎在城下招降他们，但城中坚守不动。每当看到唐太宗的旗帜，都会登上城头擂鼓呐喊。唐太宗非常生气，下令江夏王李道宗修筑土山，用来攻城，最终也没有攻克。唐太宗将要班师的时候，赞赏安市城的主将坚守臣节，赐给他三百匹绢，以劝勉激励事奉君主的人。

评点 李世民晚年穷兵黩武之际，仍未忘记砥砺臣属的忠义之节。

孝友第十五

司空房玄龄事继母，能以色养①，恭谨过人。其母病，请医人至门，必迎拜垂泣。及居丧，尤甚柴毁②。太宗命散骑常侍刘洎就加宽譬，遗寝床、粥食、盐菜。

注释 ①色养：出自《论语·为政》：『子游问孝。子曰：「今之孝者，是谓能养。」……子夏问孝。子曰：「色难。」』何晏《集解》引包咸曰：『色难者，谓承顺父母颜色乃为难也。』朱熹《集注》曰：『色难，谓事亲之际，惟色为难也。』后人称人子和颜悦色奉养父母或承顺父母颜色为『色养』。②柴毁：指居丧期间过于悲伤，骨瘦如柴，形容憔悴。

译文 司空房玄龄事奉继母，能够做到和颜悦色地奉养，恭敬谨慎超过常人。他的母亲病了，请医生到他家里来看病，他一定要亲迎并拜谢，悲伤哭泣。到居丧的时候，因过度悲伤而特别消瘦憔悴。唐太宗命散骑常侍刘洎前往宽慰他，并送给他寝床、粥食、盐菜。

评点 《孝经》中说：『君子之事亲孝，故忠可移于君。』所以封建时代的统治者处于维护自己统治的考虑，对于『孝』道的提倡也大多颇为热心。

虞世南，初仕隋，历起居舍人。宇文化及杀逆之际，其兄世基时为内史侍郎，将被诛，世南抱持号泣，请以身代死，化及竟不纳。世南自此哀毁骨立①者数载，时人称重焉。

注释 ①骨立：形容人消瘦到极点。

译文 虞世南，最初的时候在隋朝为官，做过起居舍人。宇文化及谋反杀死隋炀帝的时候，他的哥哥虞世基当时是内史侍郎，将要被杀死，虞世南抱着他痛苦，要求自己替哥哥死，宇文化及竟然没有听从。虞世南从此悲伤憔悴极端消瘦达数年之久，当时的人们对他都很称许看重。

评点 孝、悌是相互联系的两种德性。同时，『事兄悌，故顺可移于长。』弟对兄的悌在中国传统社会中也被认为是维护宗法等级制度的基本德性。

韩王元嘉①，贞观初为潞州刺史。时年十五，在州闻太妃有疾，便涕泣不食，及至京师发丧，哀毁过礼。太宗嘉其至性，屡慰勉之。元嘉闺门②修整，有类寒素士大夫，与其弟鲁哀王灵夔甚相友爱，兄弟集见，如布衣之礼。其修身洁己，内外如一，当代诸王莫能及者。

注释 ①韩王元嘉：唐高宗的第十一个儿子李元嘉，封为韩王。②闺门：宫苑、内室的门，借指宫廷、家庭。

译文 韩王李元嘉，贞观初年做潞州刺史。当时年龄只有十五岁，在潞州听说皇太妃有病，便哭泣不吃饭，等到京城发丧的时候，哀痛伤毁超过了礼制的规定。唐太宗赞许他情真意切，数次安慰劝勉他。李元嘉家风严整，就像寒门的士大夫一样，与他的弟弟鲁哀王李灵夔非常友爱，兄弟聚会见面，礼节同普通老百姓一样。他修养品德端正自身，表里如一，同时代的亲王没有能够比得上的。

评点 想想他的前辈如李元吉、李泰、李恪等人的结局，元嘉『过礼』的孝悌也许另有苦衷。

霍王元轨①，武德中，初封为吴王。贞观七年，为寿州刺史，属②高祖崩，去职，毁瘠过礼。自后常衣布服，示有终身之戚。太宗尝问侍臣曰：『朕子弟孰贤？』侍中魏征对曰：『臣愚暗，不尽知其能，惟吴王数与臣言，臣未尝不自失。』太宗曰：『卿以为前代谁比？』征曰：『经学文雅，亦汉之间、平③，至如孝行，乃古之曾、闵也。』由是宠遇弥厚，因令妻征女焉。

注释 ①霍王元轨：李渊的第十四子李元轨，曾封为霍王。②属：音zhǔ，恰好遇到，恰逢。③汉之间、平：西汉的河间献王刘德和东汉的东平献王刘苍。

译文 霍王李元轨，武德年间最初被封为吴王。贞观七年，担任寿州刺史，恰逢唐高宗去世，辞去官职，哀痛毁伤超过礼数。从此之后经常穿着布衣，表示终生悲痛。唐太宗曾经问身边侍从的大臣：『我的子弟中谁最贤德？』侍中魏征回答说：『我愚蠢暗蔽，不能完全了解他们的特长，只是吴王多次同我谈论，我始终感到不如他。』唐太宗说：『你认为他可以与前代的谁相比？』魏征说：『经学文才，同汉代的河间献王和东平献王一样；至于孝行，同古代孔子的嫡子曾参、闵子骞一样。』因此唐太宗对这个弟弟更加宠爱优待，于是命令他娶了魏征的女儿。

评点 孝行是贤德的重要组成部分，但毕竟不是全部；李元轨或许有一定的才能和德行，但从历史评价的角度看，与汉代的刘苍以及曾参、闵子骞等孔门弟子确实有不小差距。由此可见，魏征对于自己这位未来的女婿也是过誉了。

贞观中，有突厥史行昌直玄武门，食而舍肉，人问其故，曰：『归以奉母。』太宗闻而叹曰：『仁孝之性，岂隔华夷？』赐尚乘①马一匹，诏令给其母肉料。

注释 ①尚乘：即尚乘局，隋炀帝时始置，职责是为皇室养马。

译文 贞观年间，有个突厥人史行昌在玄武门当值，吃饭的时候把肉放在一边，别人问他原因，他说：『回家给母亲吃。』唐太宗听到之后感叹道：『仁爱孝顺的本性，难道会因是华族还是夷族而有所不同吗？』赐给他尚乘局中的马一匹，下令供给他的母亲肉食。

评点 本章似乎要引导人们得出这样一个结论：孝作为至德要道，是不分民族、种族的。

公平第十六

太宗初即位，中书令房玄龄奏言：『秦府旧左右未得官者，并怨前宫及齐府左右处分①之先己。』太宗曰：『古称至公者，盖谓平恕②无私。丹朱、商均，子也，而尧、舜废之。管叔、蔡叔，兄弟也，而周公诛之。故知君人者，以天下为公，无私于物。昔诸葛孔明，小国之相，犹曰「吾心如称，不能为人作轻重」，况我今理大国乎？朕与公等衣食出于百姓，此则人力已奉于上，而上恩未被于下，今所以择贤才者，盖为求安百姓也。用人但问堪否，岂以新故异情？凡一面尚且相亲，况旧人而顿忘也！才若不堪，亦岂以旧人而先用？今不论其能不能，而直言其嗟怨，岂是至公之道耶？』

注释 ①处分：安置。②平恕：持平宽仁。

译文 唐太宗刚即位的时候，中书令房玄龄上奏说：『秦王府的老部下没有获得官职者，都埋怨前东宫和齐王府的部下比自己安置得早。』唐太宗说：『古代称得上最公正的人，都说他们是持平宽仁没有私心。丹朱、商均，是儿子，但尧、舜废了他们。管叔、蔡叔，是兄弟，但周公杀了他们。由此可见治理人民的人，以天下为公，不偏私个人。当年诸葛孔明，是小国的丞相，尚且说「我的心就像秤一样，不能因为人而规定轻重的标准」，何况我如今治理大国呢？我与你们的衣食都是出自老百姓，这是人民的力气已经用来事奉君上，而君上的恩德还没有泽及下面的百姓，如今之所以选择贤才的原因，是为了追求老百姓的安定啊。任用人才只考察是否胜任，哪能够因为关系新旧而态度不一呢？人曾经见过一面尚且会产生亲近感，何况是旧部属，哪能马上就忘了呢！才能如果不胜任，又怎么能够是老关系就优先任用呢？如今我们如果不讨论他们有没有才能，就径直说他们有怨言，这难道是至公之道吗？』

评点 《管子》将『君主应当重视三件事情：一是德不当其位，二是功不当其禄，三是能不当其官』作为治国的『三本』，因此赏罚作为一种激励手段如果要很好地发挥作用，就必须做到公正。

贞观元年，有上封事者，请秦府旧兵并授以武职，追入宿卫。太宗谓曰：『朕以天下为家，不能私于一物，惟有才行是任，岂以新旧为差？况古人云：「兵犹火也，弗戢将自焚①。」汝之此意，非益政理。』

注释 ①兵犹火也，弗戢将自焚：出自《左传·隐公四年》：『夫兵犹火也，弗戢，将自焚也。』戢：停止。

译文 贞观元年（627年），有人秘密上奏章，请求将秦王府的旧兵都授予武职，追加进宫廷侍卫之中。唐太宗

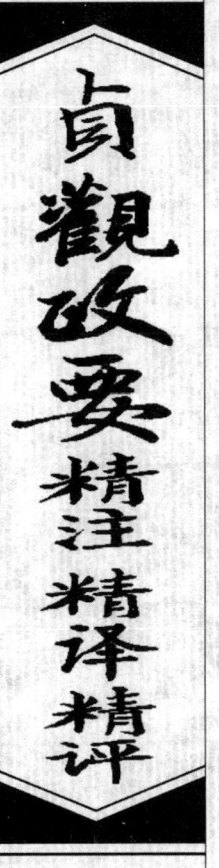

说：『我以天下为家，不能偏私于一人，只任用有才德品行的人，怎么能凭关系新旧来差遣呢？况且古人说：「武力就像火一样，不知道停止必将自焚。」你的这个意见，不利于国家安定。』

评点 唐太宗深知他所管理的是整个国家，如果对故旧偏私，无疑不利于天下的治理。

贞观元年，吏部尚书长孙无忌尝被召，不解佩刀入东上阁门，出阁门后，监门校尉始觉。尚书右仆射封德彝议，以监门校尉不觉，罪当死，无忌误带刀入，徒二年，罚铜二十斤。太宗从之。大理少卿戴胄驳曰：『校尉不觉，无忌带刀入内，同为误耳。夫臣子之于尊极，不得称误，准律①云：「供御汤药、饮食、舟船，误不如法者，皆死。」陛下若录其功，非宪司所决；若当据法，罚铜未为得理。』太宗曰：『法者非朕一人之法，乃天下之法，何得以无忌国之亲戚，便欲挠法耶？』更令定议。德彝执议如初，太宗将从其议，胄又驳奏曰：『校尉缘无忌以致罪，于法当轻，若论其过误，则为情一也，而生死顿殊，敢以固请。』太宗乃免校尉之死。

是时，朝廷大开选举，或有诈伪阶资②者，太宗令其自首，不首，罪至于死。俄有诈伪者事泄，胄据法断流以奏之。太宗曰：『朕初下敕，不首者死，今断从法，是示天下以不信矣。』胄曰：『陛下当即杀之，非臣所及，既付所司，

臣不敢亏法。』太宗曰：『卿自守法，而令朕失信耶？』胄曰：『法者，国家所以布大信于天下，言者，当时喜怒之所发耳。陛下发一朝之忿，而许杀之，既知不可，而置之以法，此乃忍小忿而存大信，臣窃为陛下惜之。』太宗曰：『朕法有所失，卿能正之，朕复何忧也！』

注释 ①准律：依照法律。②阶资：职位和资历。

译文 贞观元年（627年），吏部尚书长孙无忌曾经被召见，没有解下佩刀就直接进入了东上阁门，出了阁门之后，看门的校尉才发觉。尚书右仆射封德彝议处，认为监门校尉没有发觉，论罪应当处死，长孙无忌误带刀进宫，徒刑二年，罚铜二十斤。唐太宗同意了他的主张。大理少卿戴胄反驳说：『校尉没有发觉，长孙无忌带刀入宫，同样都是失误。臣子对于皇帝，不能因失误推脱。依照法律规定：「供应皇帝的汤药、饮食、舟船，因为失误而不符合法律者，都要处死。」陛下如果根据他的功劳，这就不是司法部门所能决断的；如果根据法律，罚铜则是不合理的。』唐太宗说：『法律不是我一个人的法律，乃是天下的法律，怎么能够因为长孙无忌是皇室的亲戚，就要枉法呢？』重新命令拟议定罪。封德彝仍然坚持原来的拟议，唐太宗打算同意他的拟议，戴胄又上奏反驳说：『校尉因为长孙无忌而获罪，根据法律应当更轻，如果根据他们的失误，那么情况是一样的，而处罚的结果却是生死悬殊，所以我还是坚决请求重新拟议。』唐太宗于是免去校尉的死罪。

这时，朝廷大规模选拔举荐人才，有人假造职位和资历，唐太宗让他们自首，如果不自首，就要处以死罪。不久有人因为造假而被揭露，戴胄根据法律判决流放并上奏。唐太宗说：『我当初曾经下令，不自首的人处死，如今你根据

法律来判决，是向天下人表明我不守信用啊。』戴胄说：『陛下您如果当时杀了他，这不是我能干涉的，既然交给了相关部门处理，我不敢不遵守法律。』唐太宗说：『你自己遵守法律，而让我丧失信用吗？』戴胄说：『法律，是国家为了向天下宣布大信用的，言语，是当时因一时的喜怒而说出的。陛下因为一朝发怒，而主张杀他，已经知道这样做不可以，所以根据法律处置，这是忍住小怒气而保存大信用，我替陛下珍惜这一点。』唐太宗说：『我对待法律有过失，你能匡正我，我还有什么可忧虑的呢！』

评点 法律一经颁布，便成为硬性的准则，不能因为个人的喜怒而随意变更，否则，法律在社会秩序维护中的作用将无法得到保障。

贞观二年，太宗谓房玄龄等曰：『朕比见隋代遗老，咸称高颎善为相者，遂观其本传①，可谓公平正直，尤识治体，隋室安危，系其存没。炀帝无道，枉见诛夷，何尝不想见此人，废书钦叹！又汉、魏已来，诸葛亮为丞相，亦甚平直，尝表废廖立、李严于南中，立闻亮卒，泣曰：「吾其左衽②矣！」严闻亮卒，发病而死。故陈寿③称：「亮之为政，开诚心，布公道，尽忠益时者，虽仇必赏；犯法怠慢者，虽亲必罚。」卿等岂可不企慕及之？朕今每慕前代帝王之善者，卿等亦可慕宰相之贤者，若如是，则荣名高位，可以长守。』玄龄对曰：『臣闻理国要道，在于公平正直，故《尚书》云：

「无偏无党，王道荡荡。无党无偏，王道平平④。」又孔子称「举直错诸枉，则民服⑤」。今圣虑所尚，诚足以极政教之源，尽至公之要，囊括区宇，化成天下。』太宗曰：『此直朕之所怀，岂有与卿等言之而不行也？』

注释 ①本传：见于正史的人物传记。②左衽：出自《论语·宪问》：『微管仲，吾其被发左衽矣。』左衽，衣襟向左掩，北方少数民族的装束习惯，代指国家灭亡于外族。③陈寿：西晋史学家，《三国志》的作者。④无偏无党，王道荡荡。无党无偏，王道平平：出自《尚书·洪范》。党：偏私，偏袒。荡荡：广大、浩大的样子。平平：治理有序。⑤举直错诸枉，则民服：出自《论语·为政》。错：同『措』。

译文 贞观二年（628年），唐太宗对房玄龄等人说：『我近来见到隋朝留下的旧臣，都称赞高颎是善于当宰相的人，于是就看正史中他的传记，他可以称得上公平正直，特别通晓国家治理的策略，隋朝的安危，同他的生死直接联系在一起。隋炀帝无道，他含冤被杀，我何尝不想见到这样的人啊，放下书后嗟叹不已！另外，汉、魏以来，诸葛亮做丞相，也是非常公平正直，曾经在南中上表请求罢免廖立和李严，廖立听说诸葛亮去世，哭着说：「我们或许要亡国了啊！」李严听说诸葛亮去世，得病死去了。所以陈寿说：「诸葛亮治理国家，敞开诚心，发扬公道，尽忠国家有利于当时的人，即使与自己有仇也一定会赏赐；违犯法律玩忽懈怠的人，即使是自己的亲信也一定要处罚。」你们难道不仰慕并希望做得像他一样吗？我如今经常思慕前代帝王中那些明君，你们也可以仰慕宰相中的那些贤相，如果这样，那么光荣的名声尊贵的地位，就可以长久的保守。』房玄龄回答说：『我听说治理国家最重要的法则，就在于公平正直，所以《尚书》中说：「没有偏心没有私情，王道广阔博大；没有私情没有偏私，王道公允有序。」另外孔子也说：「使正直的人的地位位于奸邪的人之上，那么人民就会信服。」如今您的思虑所崇尚的，确实足以达到国家教化的根源，穷尽最公正之道的要义，包罗宇内，化成天下。」唐太宗说：「这正是我所关心的，哪能与你们说过了而不实行呢？」

评点 诸葛亮认为，国家在施政中必须要「喜不应喜无喜之事，怒不应怒无怒之物，喜怒之间，必明其类。」（《便宜十六策·喜怒》）只有做到了赏罚公平，使好人都能得到鼓励，恶行都能受到惩治，才能够使刑罚之政真正起到教化人民的目的。

长乐公主，文德皇后所生也。贞观六年将出降①，敕所司资送②，倍于长公主③。魏征奏言：「昔汉明帝欲封其子，帝曰：『朕子岂得同于先帝子乎？可半楚、淮阳王。』前史以为美谈。天子姊妹为长公主，天子之女为公主，既加长字，良以尊于公主也，情虽有殊，义无等别。若令公主之礼有过长公主，理恐不可，实愿陛下思之。」太宗称善，乃以其言告后，后叹曰：「尝闻陛下敬重魏征，殊未知其故，而今闻其谏，乃能以义制人主之情，真社稷臣矣！妾与陛下结发为夫妻，曲蒙礼敬，情义深重，每将有言，必俟颜色，尚不敢轻犯威严，况在臣下，情疏礼隔？故韩非谓之说难，东方朔称其不易，良有以也。忠言逆耳而利于行，有国有家者深所要急，纳之则世治，杜之则政乱，诚愿陛下详之，则天下幸甚！」因请遣中使赍帛五百匹，诣征宅以赐之。

注释 ①出降：帝王之女出嫁，因帝王地位高，故称。②资送：置办陪嫁物品。③长公主：皇帝的姊妹的封号，仪服同藩王。

译文 长乐公主是文德皇后所生。贞观六年将要出嫁，命令有关部门置办陪嫁，数量超过长公主的一倍。魏征上奏说：「当初汉明帝想要封他的儿子，他说：『我的儿子怎么能够同先帝的儿子等同呢？分封的规模可以是楚王、淮阳王的一半。』以前的史家将此作为美谈。太子的姊妹称为长公主，天子的女儿称为公主，既然加了一个长字，确实就比公主尊贵啊，感情上虽然有差别，道理上没有等级的区分，如果让对公主的礼节超过长公主，于理来说恐怕不可以，希望陛下好好考虑这件事。」唐太宗认为他说得好，于是把魏征的话转告了皇后，皇后叹息说：「曾经听说陛下敬重魏征，非常不理解其中的原因，如今听到他的劝谏，他竟然能够用礼义制约君主的私情，真是国家的栋梁啊！我和陛下结发为夫妻，承蒙陛下礼遇敬重，情义深厚，每当有话对你说时，一定要看你的脸色，尚且不敢轻易冒犯威严，何况是臣下，感情更疏远，礼节上也有距离呢？所以韩非称劝说君主是难事，东方朔也说这样做不易，的确是有原因的。忠言逆耳利于行，对于有国有家需要治理的人来说极为需要，听从社会就能治理好，拒绝政局就要混乱，深切希望陛下能够好好思考思考，那么对于天下来说就是一件极大的幸事！」于是请求让宫中的使节带五百匹帛，到魏征的府第赐给他。

评点 公正作为原则，不仅是法律活动中应当遵循的，同样是礼制的重要要求。古人认为，严格按照礼制行事，离公正的原则就不远了。

刑部尚书张亮坐①谋反下狱，诏令百官议之，多言亮当诛，惟殿中少监李道裕奏亮反形未具，明其无罪。太宗既盛怒，竟杀之。俄而刑部侍郎有阙，令宰相妙择其人，累奏不可。太宗曰：『吾已得其人矣。往者李道裕议张亮云「反形未具」，可谓公平矣。当时虽不用其言，至今追悔。』遂授道裕刑部侍郎。

注释 ①坐：定罪，因……而获罪。

译文 刑部尚书张亮被定罪为谋反而投进了监狱，唐太宗下诏让百官议处，大多数人都说张亮应当处死，只有殿中少监李道裕上奏说张亮谋反的事实尚未成立，申明他无罪。唐太宗已经非常生气，竟然将张亮杀掉。不久刑部侍郎的职位有空缺，让宰相仔细选择合适的人，数次上奏都没获批准。唐太宗说：『我已经有人选了。从前李道裕议处张亮时说「造反的事实尚未成立」，可以说是非常公平的。当时虽然没有听从他的话，但至今仍然很后悔。』于是授予道裕刑部侍郎。

评点 从唐太宗对待张亮一事的做法上可见，在极权制度之下，法律的公正与个人的好恶之间的关系的确是很难处理好的。

贞观初，太宗谓侍臣曰：『朕今孜孜求士，欲专心政道，闻有好人，则抽擢①驱使。而议者多称「彼者皆宰臣亲故」，但公等至公，行事勿避此言，便为形迹②。古人「内举不避亲，外举不避仇」，而为举得其真贤故也。但能举用得才，虽是子弟及有仇嫌，不得不举。』

注释 ①抽擢：提拔。②形迹：嫌疑。

译文 贞观初年，唐太宗对身边侍从的大臣说：『我如今不知疲倦搜求贤士，是一心打算治理好国家，听说有好的人才，就提拔任用。而议论的人经常说「这些人都是辅佐大臣的亲戚故旧」，只有你们有至公之心，做事的时候不要刻意避免这样的议论，对于这样的嫌疑要灵活处理。古人说「举荐内部的人不回避亲属，举荐外面的人不回避仇人」，这样做的原因是为了举荐到真正的贤才。只要推举任用能够得到贤才，无论是自己的子弟还是与自己有怨仇的人，都不能不举荐。』

评点 举贤不避亲，其实正是秉持公道的表现。而在现实生活中，这条原则往往被人曲解，成为举『亲』拒『贤』的借口。

贞观十一年，时屡有阉宦充外使，妄有奏，事发，太宗怒。魏征进曰：『阉竖虽微，狎近左右，时有言语，轻而易信，浸润之谮①，为患特深。今日之明，必无此虑，为子孙教，不可不杜绝其源。』太宗曰：『非卿，朕安得闻此语？自今已后，充使宜停。』魏征因上疏曰：

臣闻为人君者，在乎善善而恶恶，近君子而远小人。善善明，则君子进矣；恶恶著，则小人退矣。近君子，则朝无粃政[2]；远小人，则听不私邪。小人非无小善，君子非无小过。君子小过，盖白玉之微瑕；小人小善，乃铅刀之一割[3]。铅刀一割，良工之所不重，小善不足以掩众恶也；白玉微瑕，善贾之所不弃，小疵不足以妨大美也。善小人之小善，谓之善善，恶君子之小过，谓之恶恶，此则蒿兰同嗅，玉石不分，屈原所以沉江，卞和所以泣血者也。既识玉石之分，又辨蒿兰之臭，善善而不能进，恶恶而不能去，此郭氏所以为墟，史鱼所以遗恨也。

陛下聪明神武，天姿英睿，志存泛爱，引纳多途。好善而不甚择人，疾恶而未能远佞。又出言无隐，疾恶太深，闻人之善或未全信，闻人之恶以为必然。虽有独见之明，犹恐理或未尽。何则？君子扬人之善，小人讦人之恶。闻恶必信，则小人之道长矣，闻善或疑，则君子之道消矣。为国家者，急于进君子而退小人，乃使君子道消，小人道长，则君臣失序，上下否隔[4]，乱亡不恤[5]，将何以治乎？且世俗常人，心无远虑，情在告讦，好言朋党。夫以善相成谓之同德，以恶相济谓之朋党。今则清浊共流，善恶无别，以告讦为诚直，以同德为朋党。以之为朋党，则谓事无可信；以之为诚直，则谓言皆可取。此君恩所以不结于下，臣忠所以不达于上。大臣不能辩正，小臣莫之敢论，远近承风，混然成俗，非国家之福，非为治之道。适足以长奸邪，乱视听，使人君不知所信，臣下不得相安。若不远虑，深绝其源，则后患未之息也。今之幸而未败者，由乎君有远虑，虽失之于始，必得之于终故也。若时逢少隳，往而不返，虽欲悔之，必无所及。既不可以传诸后嗣，复何以垂法将来？且夫进善黜恶，施于人者也；以古作鉴，施于己者也。鉴貌在乎止水，鉴己在乎哲人[6]。能以古之哲王鉴于己之行事，则貌之妍丑宛然[7]在目，事之善恶自得于心，无劳司过之史，不假刍荛之议，巍巍之功日著，赫赫之名弥远。为人君者不可务乎？

臣闻道德之厚，莫尚于轩、唐，仁义之隆，莫彰于舜、禹。欲继轩、唐之风，将追舜、禹之迹，必镇之以道德，弘之以仁义，举善而任之，择善而从之。不择善任能，而委之俗吏，既无远度，必失大体。惟奉三尺之律[8]，以绳四海之人，欲求垂拱无为，不可得也。故圣哲君临，移风易俗，不资严刑峻法，在仁义而已。故非仁无以广施，非义无以正身。惠下以仁，正身以义，则其政不严而理，其教不肃而成矣。然则仁义，理之本也；刑罚，理之末也。为理之有刑罚，犹执御之有鞭策也，人皆从化，而刑罚无所施；马尽其力，则有鞭策无所用。由此言之，刑罚不可致理，亦已明矣。

故《潜夫论》曰：『人君之治莫大于道德教化也。民有性、有情、有化、有俗。情性者，心也，本也；化俗者，行也，末也。是以上君抚世，先其本而后其末，顺其心而履其行。心情苟正，则奸慝无所生，邪意无所载矣。是故上圣[9]无不务治民心，故曰：「听讼，吾犹人也，必也使无讼乎？[10]」道之以礼，务厚其性而明其情。民相爱，则无相伤害之意；动思义，则无畜奸邪之心。若此，非律令之所理也，此乃教化之所致也。圣人甚尊德礼而卑刑罚，故舜先敕契以敬敷五教，而后任咎繇以五刑也。凡立法者，非以司民短而诛过误也，乃以防奸恶而救祸患，检淫邪而内正道。民蒙善化，则人有士君子之心；被恶政，则人有怀奸乱之虑。故善化之养民，犹工之为曲豉[11]也。六合之民，犹一荫[12]也，黔首之属，犹豆麦也，变化云为，在将者耳！遭良吏，则怀忠信而履仁厚；遇恶吏，则怀奸邪而行浅薄。忠厚积，则致太平；浅薄积，则致危亡。是以圣帝明王，皆敦德化而薄威刑也。德者，所以循己也，威者，所以治人也。民之生也，犹铄金在炉，方圆薄厚，随溶制耳！是故世之善恶，俗之薄厚，皆在于君。世之主诚能使六合之内、举世之人，感忠厚之情而无浅薄之恶，各奉公正之心，而无奸险之虑，则醇酽[13]之俗，复见于兹矣。』后王虽未能遵，专尚仁义，当慎刑恤典，哀敬[14]无私，故管子曰：『圣君任法不任智，任公不任私。』故王天下，理国家。

贞观之初，志存公道，人有所犯，一一于法。纵临时处断或有轻重，但见臣下执论，无不忻然受纳。民知罪之无私，故甘心而不怨；臣下见言无忤，故尽力以效忠。顷年[15]以来，意渐深刻[16]，虽开三面之网，而察见渊中之鱼[17]，取舍在于爱憎，轻重由乎喜怒。爱之者，罪虽重而强为之辞；恶之者，过虽小而深探其意。法无定科[18]，任情以轻重；人有执论，疑之以阿伪。故受罚者无所控告，当官者莫敢正言。不服其心，但穷其口，欲加之罪，其无辞乎！又五品已上有犯，悉令曹司闻奏。本欲察其情状，有所哀矜；今乃曲求小节，或重其罪，使人攻击惟恨不深。事无重条，求之法外所加，十有六七，故顷年犯者惧上闻，得付法司，以为多幸。告讦无已，穷理不息，君私于上，吏奸于下，求细过而忘大体，行一罚而起众奸，此乃背公平之道，乖泣辜之意，欲其人和讼息，不可得也。

故《体论》[19]云：『夫淫泆盗窃，百姓之所恶也，我从而刑罚之，虽过乎当，百姓不以我为暴者，公也。怨旷[20]饥寒，亦百姓之所恶也，遁而陷之法，我从而宽宥之，百姓不以我为偏者，公也。我之所重，百姓之所憎也；我之所轻，百姓之所怜也。是故赏轻而劝善，刑省而禁奸。』由此言之，公之于法，无不可也，过轻亦可。私之于法，无可也，过轻则纵奸，过重则伤善。圣人之于法也公矣，然犹惧其未也，而救之以化，此上古所务也。后之理狱者则不然：未讯罪人，则先为之意，及其讯之，则驱而致之意，谓之能；不探狱之所由，生为之分[21]，而上求人主之微旨[22]以为制，谓之忠。其当官也能，其事上也忠，则名利随而与之。驱而陷之，欲望道化之隆，亦难矣。

凡听讼理狱，必原父子之亲，立君臣之义，权轻重之序，测浅深之量。悉其聪明，致其忠爱，疑则与众共之。疑则从轻者，所以重之也，故舜命咎繇曰：『汝作士[23]，惟刑之恤。』又复加之以三讯[24]，众所善，然后断之。是以为法，参之人情。故《传》曰：『小大之狱，虽不能察，必以情。』而世俗拘愚苛刻之吏，以为情也者取货者也，立爱憎者也，右亲戚者也，陷怨仇者也。何世俗小吏之情，与夫古人之悬远乎？有司以此情疑之群吏，人主以此情疑之有司，是君臣上下通相疑也，欲其尽忠立节，难矣。

凡理狱之情，必本所犯之事以为主，不严讯，不旁求，不贵多端，以

见聪明。故律正其举劾[25]之法，参伍[26]其辞，所以求实也，非所以饰实也，但当参伍明听之耳，不使狱吏锻炼[27]饰理成辞于手。孔子曰：『古之听狱，求所以生之也；今之听狱，求所以杀之也。』故析言以破律[28]，任案以成法，执左道以必加也。又《淮南子》曰：『沣水[29]之深十仞，金铁在焉，则形见于外。非不深且清，而鱼鳖莫之归也。』故为上者以苛为察，以功为明，以刻下为忠，以讦多为功，譬犹广革，大则大矣，裂之道也。夫赏宜从重，罚宜从轻，君居其厚，百王通制。刑之轻重，恩之厚薄，见思与见疾，其可同日言哉！且法，国之权衡也，时之准绳也。权衡所以定轻重，准绳所以正曲直，今作法贵其宽平，罪人欲其严酷，喜怒肆志，高下在心，是则舍准绳以正曲直，弃权衡而定轻重者也，不亦惑哉？诸葛孔明，小国之相，犹曰：『吾心如秤，不能为人作轻重。』况万乘之主，当可封之日，而任心弃法，取怨于人乎！

又时有小事，不欲人闻，则暴作威怒，以弭谤议。若所为是也，闻于外其何伤？若所以非也，虽掩之何益？故谚曰：『欲人不知，莫若不为；欲人不闻，莫若勿言。』为之而欲人不知，言之而欲人不闻，此犹捕雀而掩目，盗钟而掩耳者，只以取诮，将何益乎？臣又闻之，无常乱之国，无不可理之

民者。夫君之善恶由乎化之薄厚，故禹、汤以之理，桀、纣以之乱；文、武以之安，幽、厉以之危。是以古之哲王，尽己而不以尤人，求身而不以责下。故曰：『禹、汤罪己，其兴也勃焉；桀、纣罪人，其亡也忽焉。』为之无已，深乖恻隐之情，实启奸邪之路。温舒[30]恨于曩日，臣亦欲惜不用，非所不闻也。臣闻尧有敢谏之鼓，舜有诽谤之木，汤有司过之史，武有戒慎之铭。此则听之于无形，求之于未有，虚心以待下，庶下情之达上，上下无私，君臣合德者也。魏武帝云：『有德之君乐闻逆耳之言，犯颜之诤，亲忠臣，厚谏士，斥谗慝，远佞人者，诚欲全身保国，远避灭亡者也。』凡百君子，膺期统运，纵未能上下无私，君臣合德，可不全身保国，远避灭亡乎？然自古圣哲之君，功成事立，未有不资同心，予违汝弼[31]者也。

昔在贞观之初，侧身[32]励行，谦以受物。盖闻善必改，时有小过，引纳忠规，每听直言，喜形颜色。故凡在忠烈，咸竭其辞。自顷年海内无虞，远夷慑服，志意盈满，事异厥初。高谈疾邪，而喜闻顺旨之说；空论忠说，而不悦逆耳之言。私嬖之径渐开，至公之道日塞，往来行路，咸知之矣。邦之兴衰，实由斯道。为人上者，可不勉乎？臣数年以来，每奉明旨，深惧群臣莫肯尽言。臣切思之，自比来人或上书，事有得失，惟见述其所短，未有称其所长。又

天居自高，龙鳞难犯，在于造次，不敢尽言，时有所陈，不能尽意，更思重竭，其道无因。且所言当理，未必加于宠秩[33]，意或乖忤，将有耻辱随之，莫能尽节，实由于此。虽左右近侍，朝夕阶墀[34]，事或犯颜，咸怀顾望，况疏远不接，将何以极其忠款哉？又时或宣言云：『臣下见事，只可来道，何因所言，即望我用？』此乃拒谏之辞，诚非纳忠之意。何以言之？犯主严颜，献可替否，所以成主之美，匡主之过。若主听则惑，事有不行，使其尽忠说之言，竭股肱之力，犹恐临时恐惧，莫肯效其诚款。若如明诏所道，便是许其面从，而又责其尽言，进退将何所据？欲必使乎致谏，在乎好之而已。故齐桓好服紫，而合境无异色；楚王好细腰，而后宫多饿死。夫以耳目之玩，人犹死而不违，况圣明之君求忠正之士，千里斯应，信不为难。若徒有其言，而内无其实，欲其必至，不可得也。

太宗手诏曰：

省前后讽谕，皆切至之意，固所望于卿也。朕昔在衡门[35]，尚惟童幼，未渐师保之训，罕闻先达[36]之言。值隋主分崩，万邦涂炭，惵惵黔黎[37]，庇身无所。朕自二九之年，有怀拯溺，发愤投袂[38]，便提干戈，蒙犯霜露，东西征伐，日不暇给，居无宁岁。降苍昊[39]之灵，禀庙堂之略，义旗所指，

触向平夷。弱水、流沙㊵，并通輶轩㊶之使；被发左衽㊷，皆为衣冠㊸之域。正朔㊹所班，无远不届。及恭承宝历㊺，寅奉帝图㊻，垂拱无为，氛埃靖息㊼，于兹十有余年，斯盖股肱罄帷幄之谋，爪牙竭熊罴之力，协德同习，以致于此。自惟寡薄，厚享斯休㊽，每以抚大神器，忧深责重，常惧万机多旷，四聪不达，战战兢兢，坐以待旦。询于公卿，以至隶皂㊾，推以赤心。庶几明赖，一动以钟石㊿；淳风至德，永传于竹帛。克播鸿名，常为称首(51)。朕以虚薄，多惭往代，若不任舟楫，岂得济彼巨川？不藉盐梅，安得调夫五味？赐绢三百匹。

注释

①浸润之谮：出自《论语·颜渊》：“浸润之谮，肤受之愬，不行焉，可谓明也已矣。”何晏《集解》引郑玄曰：“谮人之言，如水之浸润，渐以成之。”指浸染于无中生有的谗言之中，积久也会发生作用。②粃政：弊政，不良的有害的政治措施。③铅刀之一割：铅质的刀虽钝，但总可以割一次。比喻钝驽无能，但是还可一用。④否隔：隔绝不通。⑤不恤：不顾。⑥哲人：智慧卓越的人。⑦宛然：真切，清晰。⑧三尺之律：即法律。古时把法律条文写在三尺长的竹简上，故称。如《史记·酷吏列传》有：“周曰：‘三尺安出哉？’”裴骃《集解》引《汉书音义》曰：“以三尺竹简书法律也。”⑨上圣：即前圣。⑩听讼，吾犹人也，必也使无讼乎：孔子的话，出自《论语·颜渊》。听讼：听理诉讼，审案。⑪曲豉：豆豉，一种用大豆发酵制成的调味品。⑫荫：此处指用于制作豆豉的地窖、暗室。⑬醇醲：酒味浓厚。比喻风俗淳厚敦和。⑭哀敬：怜恤，同情。出自《尚书·吕刑》：“哀敬折狱，明启刑书胥占，咸庶中正。”孔安国传曰：“当怜下人之犯法，敬断狱之害人。”⑮顷年：近年。⑯深刻：严峻苛刻。⑰察见渊中之鱼：看得见深水中的鱼，比喻过于精明或明察太过。⑱定科：明确规定的法令条例。⑲《体论》：曹魏时杜恕所撰，原八篇，分为四卷，唐之后亡佚。⑳怨旷：长期别离。㉑分：音fèn，意料，料想。㉒微旨：隐而未露的意愿。㉓士：古代指掌管刑狱的官员。㉔三讯：多方查询，形容决狱慎重。王肃注《孔子家语·刑政》“大司寇正刑明辟以察狱，狱必三讯焉”说：“一曰讯群臣，二曰讯群吏，三曰讯万民也。”㉕举劾：列举罪行、过失加以弹劾。㉖参伍：交互错杂；错综比较，加以验证。参：三；伍：五。㉗狱吏：掌管讼案、刑狱的官吏。锻炼：罗织罪名，陷人于罪。㉘析言以破律：巧说诡辩以曲解律令。㉙沣水：古水名，源出陕西省咸阳市南秦岭，北流注入渭水。㉚温舒：西汉大臣，曾上书言狱吏之害。㉛予违汝弼：出自《尚书·益稷》：“予违汝弼，汝无面从，退有后言。”孔安国传：“我违道，汝当以义辅正我。”意思是我有过失，你应匡正。古代常作为天子勖勉大臣进谏之词。㉜侧身：倾侧着身子，表示戒惧不安。出自《诗经·大雅·云汉序》：“遇烖而惧，侧身修行。”孔颖达疏曰：“侧者，不正之言，谓反侧也。忧不自安，故处身反侧。”㉝宠秩：指尊贵的官秩。㉞阶墀：这里指朝堂。㉟衡门：横木为门，指简陋的房屋。出自《诗经·陈风·衡门》：“衡门之下，可以栖迟。”熹《集传》曰：“衡门，横木为门也。门之深者，有阿塾堂宇，此惟横木为之。”㊱先达：有德行学问的前辈。㊲惵惵：恐惧貌。黔黎：黔首黎民，指百姓。㊳投袂：甩袖，形容激动奋发。㊴苍昊：苍天。㊵弱水：古水名。由于水道水浅或当地人民不习惯造船而不通舟楫，只用皮筏济渡的，古人便认为是水弱不能载舟，于是称弱水。所以古代称弱水者很多。（一）山丹河—黑河—额济纳河。《尚书·禹贡》：“黑水西河惟雍州，弱水既西。”又：“导弱水至于合黎，余波入于流沙。”这里所说“弱水”上源指今甘肃山丹河，

下游即山丹河与甘州河合流后的黑河，入内蒙古境后，称额济纳河。（二）洛水上游支流。《山海经·西山经》：『劳山，弱水出焉，而西流注于洛。』指今陕西北部洛水上游某支流。（三）西域远方的河流。《山海经·大荒西经》：『（昆仑之丘）其下有弱水之渊。』《史记·大宛列传》：『安息长老传闻条支有弱水西王母。』《后汉书·西域传·大秦》：『（大秦国）西有弱水、流沙，近西王母所居处。』所指皆在西方远处以至国外。（四）今青海境内的某河流。《汉书·地理志下》：『金城郡……临羌。』原注：『西有须抵池，有弱水、昆仑山祠。』可能指今青海。（五）今黑龙江境内的某河流。《后汉书·东夷传·夫馀》：『北有弱水。』当在今黑龙江省境内。（六）今蒙古境内的某河流。《资治通鉴·宋文帝元嘉六年》：『魏主循弱水西行，至涿邪山。』当在今蒙古人民共和国境内。（七）今青海或西藏境内的某河流。《新唐书·西域传上·东女》：『有弱水南流。』当在今青海或西藏境。（八）今内蒙古境内的某河流。《新唐书·北狄传·奚》：『以奚阿会部为弱水州。』当在今内蒙古东境。这里并非实指，而是极言远方荒蛮之地。流沙：沙漠中的沙常因风吹而流动，故又称沙漠为流沙。古代常特指西域。㊶輶轩：古代使臣乘坐的车，代指使臣。㊷被发左衽：头发披散不束，衣襟向左掩，古代指中原地区以外少数民族的装束。代指少数民族或少数民族居住的区域。㊸衣冠：穿衣戴冠，古代汉族的装束，代指文明礼教。㊹正朔：指帝王新颁的历法。古代帝王易姓受命，必改正朔；故夏、殷、周、秦及汉初的正朔各不相同。如《礼记·大传》有：『改正朔，易服色。』孔颖达疏曰：『改正朔者，正，谓年始；朔，谓月初，言王者得政示从我始，改故用新，随寅丑子所损也。周子、殷丑，夏寅，是改正也；周半夜、殷鸡鸣、夏平旦，是易朔也。』㊺宝历：国祚，皇位。㊻寅：恭敬。帝图：指帝王应天命的图箓，代指帝位。㊼氛埃：污浊之气，尘埃，比喻战乱。靖息：平息。㊽休：福禄。㊾隶皂：古代指贱役，后专称衙门里的差役。这里代指地位低贱的人。㊿钟石：钟和磬，这里指节律、规则。(51)称首：第一，最好。

译文

贞观十一年（637年），当时经常有宦官充当对外的使节，有一些虚假的陈奏，事情暴露之后，唐太宗非常生气。魏征说：『宦官虽然地位低微，但是在皇帝的身边，经常说一些话，稍有松懈就容易相信，长期浸染在无中生有的谗言之中，造成的危害特别严重。如今明白了这个道理，一定就不会有这样的忧虑了，要把这个道理教给子孙，不能不杜绝它的源头。』唐太宗说：『如果不是你，我怎么能够听到这样的话呢？从此以后，宦官充当外使应当停止。』

魏征于是上疏说：

我听说作为君主的人，重视喜欢好言行并厌恶坏言行，接近君子并且疏远小人。喜欢好言行得到弘扬，那么君子就会被进用；厌恶坏言行受到彰扬，那么小人就会被黜退。接近君子，那么朝中就没有不良有害之政；疏远小人，那么听到的就不是偏私邪曲之语。小人并非没有小的优点，君子并非没有小的缺陷。君子的小缺陷，如同白玉上微小的瑕疵；小人的小优点，如同铅刀也能够切割一次。铅刀可以切割一次，好工匠不会看重它，因为小的优点不能够掩饰众多的缺陷；白玉有微小的瑕疵，好商人不会抛弃它，因为小的缺陷不足以妨碍整体的美感。喜欢小人的小优点，将此称为喜欢好言行，厌恶君子的小缺陷，将此称为厌恶坏言行，这就是认为蒿草和兰花气味相同，美玉和顽石不加区分，这就是屈原之所以投江，卞和之所以伤心哭泣的原因。既能够辨别美玉和顽石的不同，又能够区分蒿草和兰花的气味，但喜欢好言行不能够进用，厌恶坏言行不能够摒除，这就是郭国之所以成为废墟，史鱼之所以留下遗恨的原因。

陛下聪明神武，天资英明，胸怀泛爱天下之心，选拔人才不拘一格。但喜欢好言行却不太重视人才的选择，厌恶坏言行却不能远离邪佞之人。另外说话的时候没有隐讳，厌恶邪行太过分，听说别人的好的言行或许不能够完全相信，听说别人的坏的言行就认为一定是这样。虽然陛下自身见识高明，但仍然怕于道理上有未尽之处。为什么会这样呢？君子弘扬别人的善言善行，小人攻击人的过错短处。听说坏的言行一定相信，小人的做事原则就得到增强，小人的做事原则增强，那么君臣之间就会失去秩序，上下之间就会隔绝不通，这样国家混乱败亡都顾不了，将如何达到安定有序呢？况且世俗中的一般人，心中没有长远的考虑，本能就是攻击揭发别人，喜欢指责他人朋比为党。用善言善行相互成全叫做同心同德，用恶言恶行相互帮助叫做朋比为党。如今的情况是清浊同流，善恶无别，把攻击告发当做诚实正直，以同心同德当做朋比为党。把他们看做朋比为党，就会说他们的事情不可信；认为他们诚实正直，就会说他们的话都可取。这就是君主的恩德为什么不能贯彻到下面，臣属的忠心不能够被君主了解的原因。地位高的大臣不能分辨纠正，地位低的小臣不敢妄加议论，远近都承继了这种风气，混混沌沌地就成为了风俗，这不是国家的福气，也不是治国之道。而这正能够助长奸邪，扰乱视听，使君主不知道该相信什么，臣下也不能够和谐相处。如果没有长远的考虑，彻底断绝这种不良风气的根源，那么后患就不可能停止。如今国家幸而还没有因此而被败坏，是由于君主有长远的考虑，虽然开始的时候有所失误，但最终还是回到了正确的道路的缘故。如果世道稍有毁坏，发展下去不知纠正，虽然想要悔改，一定于事无补了。这样治理国家既然连后代都无法传给，又怎么能够留下来成为将来的法则呢？况且进用好人黜退坏人，是对待别人的原则；用古代的经验教训作为戒鉴，是对待自身的原则。鉴察自己的容貌要靠静止的水，鉴察自身的言行要靠有智慧的人。能用古代有智慧的君王作为自己行事的戒鉴，那么外表的美丑就能够清晰地呈现在眼前，事情的善恶就能够在自己的心中清楚地了解，这就不需要麻烦专管纠正过失的官吏，也不需要借助老百姓的议论，巍巍的功勋一天比一天显著，赫赫的名声传播得越来越远。做国君的人能够不致力于此吗？

我听说道德敦厚，没有人超过轩辕黄帝和唐尧，仁义突出，没有人比舜和禹更明显。想要继承轩辕黄帝和唐尧的遗风，打算追赶舜和禹的事功，一定要以道德作为根本，用仁义加以弘扬，选拔贤德的人加以任用，选择贤人并听从他们的建议。不能选择贤士并任用有才能的人，而把任务分派给普通的官吏，这样做既然都有长远的考虑，一定会背离治国的根本原则。只是拿着三尺法律，来约束天下人民，想要达到无为而治，是不可能的。所以圣明的君主统治天下，移风易俗，不靠严刑峻法，只是凭借仁义而已。所以不靠仁不能广施恩德，不靠义不能端正自身。用仁给下面的人恩惠，用义端正自身，那么国家的措施不严厉但却能够秩序井然，国家的教化不严格但能够形成好的风俗。既然这样，那么仁义，就是治国的根本；刑罚，就是治国的末节。治理国家有刑罚，就如同驾驭马车有鞭子一样，如果人民都接受了教化，那么刑罚就失去了作用；马尽了它的力，那么鞭子就没有什么用处。因此可以说，刑罚无法达到国家的安定有序，也已经是非常明显的道理了。所以汉代王符的《潜夫论》中说：『君主治理国家没有比道德教化更重要的了。人民有本性、有感情、有教化、有风俗，感情和本性，是心，是根本；教化和风俗，是行，是末节。所以君主安抚天下，先用根本而后用末节，顺从人民的内心并遵循人民的行为。内心的感情如果端正，那么奸诈就无处生长，邪恶就无处承载。所以以前的圣人无不致力于整肃民心，所以说：「听讼断官司，我同别人一样，我的理想是一定要使人民不打官司吧？」用礼义加以引导，就要使人民善良的本性更敦厚，感情更加清明纯正。老百姓相互亲爱，就没有相互伤害的心意；行动考虑到义，在心里就不会积累奸邪。像这些，都不是靠法律能够调节的，这是教化所产生的效果。圣人非常尊崇道德礼义而鄙视刑罚，所以舜命令契来认真地向人民推行五德之教，然后才让咎繇做五刑。国家制定法律，不是用来监视人民的短处并惩罚他们

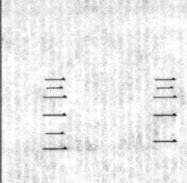

的过错失误，而是为了防止奸恶以挽救灾难祸乱，约束淫邪以将其纳入正道。人民接受了道德教化，那么人人都有士君子之心；遭受了残暴的政治，那么人人都有奸诈作乱的考虑。所以用道德教化来培养老百姓，就如同工匠制作豆豉。人民处于天地间，就如同一个制作豆豉的地窖，老百姓之类的人，就好像制作豆豉用的豆子和小麦，让他们如何变化，就在于社会管理者了！遇到好的官吏，那么就会心怀忠诚守信而践行仁义敦厚；遇到坏的官吏，那么就会心怀奸邪而践行浅薄。忠厚积累，就能够导致太平；浅薄积累，就会导致危亡。所以圣明的帝王，都是重视道德教化而鄙薄威势刑罚。道德，是用来约束自己的，威势，是用来管理他人的。老百姓的性情，就如同在熔炉中熔炼金子一样，最终是方是圆是薄是厚，都虽熔化制作而定！所以世风的善恶，风俗的厚薄，都在于君主。当世的君主如果能够使四海之内、举世之人都养成忠厚的情感并没有浅薄的恶劣品质，都秉持公正之心，就不会有奸邪险恶的打算，那么淳厚敦和的风俗，就可以再在当代出现了。』后来的帝王即使不能遵循这些议论，专门使用仁义来治理国家，也应当慎重使用刑罚，怀着怜悯之心应用法典，同情人民，公正无私，因此管子说：『圣明的君主使用法律但不使用智谋，遵循公道但不遵循私情。』所以能够用仁德统一天下，使国家安定有序。

贞观初年，陛下心中想着公道，有犯法的人，都能够用法律决断。即使对具体的案例处理决断时可能有轻有重，但发现臣下提出异议，无不欣然接受建议。人民知道处罚没有偏私，所以甘心接受而没有怨言；臣下看到自己的言论没有触犯皇帝，所能够尽力效忠。近年以来，性情越来越严峻苛刻，虽然网开三面，但却明察太过，根据爱憎进行取舍，依据喜怒进行裁判。喜欢的人，罪过虽然重却勉强替他开脱；厌恶的人，过错虽然小却要深究他的内心。执法不是根据明确的法令，根据自己的情感来决定裁决的轻重；他人如果有异议，则怀疑他阿谀或虚伪。所以受到处罚的人无处控告，担任官职的人没有人敢直言以告。不是要使对方心服，只是想使他们辞穷，想要给他们定罪，难道怕没有托词吗！另外，五品以上的官员如果有过错，统统让有关部门上奏。本意是要了解具体情形，有所体恤哀怜；如今却曲意追查细节，可能加重对他的处罚，命人打击处置只是遗憾于不够严厉。所犯的罪责如果法律中没有重责的条款，则追求在法律之外进行追加处罚，此类情况占十之六七，所以近年以来犯罪的人害怕皇帝知道，能够交给相关部门处理，则认为是莫大的幸运。控告揭发的人没有休止，穷究追查没有停息，在上位的君王有私心，在下面的官吏有奸诈，追究小过错而忘记了大原则，做了一个处罚而激起了众多奸邪，这是违背公平之道，背弃哀怜无辜的感情，想要达到人民和谐止息诉讼，是不可能的。

所以《体论》中说：『淫逸盗窃，是百姓厌恶的事情，我顺从老百姓的意志对此以法律进行处罚，即使处罚超过了合适的标准，老百姓不会认为我残暴，这是因为我本着公心。别离饥寒，也是老百姓厌恶的事情，为了逃避而触犯了法律，我顺从老百姓的意志宽恕他们，老百姓不会认为我偏私，这是因为我本着公心。我所加重处罚的，是老百姓所憎恶的；我所从轻发落的，是老百姓所哀怜的。所以赏赐很轻就能够使善行得到激励，刑罚减省也能够使奸邪得到禁止。』因此可以说，用公心来对待法律，没有什么不可行的，处罚过于轻微也可以。用私心来对待法律，没有什么是可行的，处罚过于轻微就会纵容奸邪，过于严苛就会伤害善良。圣人对法律是以公心对待的，然而尚且怕它达不到效果，因而用教化来匡救，这是上古时代所致力追求的。后世处理案件的人却不是这样：没有审讯犯人，自己心里就先为之做好了打算，等到审讯的时候，就千方百计使案情向自己做好的打算靠拢，这样的人被称为有才能；不追求案件发生的原因，硬对它进行推断，并且向上推测君主心里的意愿而进行判决，这样的人被称为忠臣。这样的人担当职责是能人，事奉君主是忠臣，那么名利自然随之赐给了他。对人民进行驱赶和陷害，想要期望道德教化隆盛，也是很难的事情啊。

听断诉讼处理案件，一定要推究父子之间的亲情，确立君臣之间的道义，权衡轻重的次序，度量深浅的限度。用尽聪明才智，追求忠义仁爱，有疑问就与众人一起商量解决。有疑问就从轻处置，这是重视它的缘故。所以舜命令咎繇说：『你做掌管刑狱的官员，刑罚一定要体恤人民。』又增加了应用多方咨询的方法，众人都说好，然后才能决断。所以制定法律，就以人情作为依据。所以《书传》中说：『大小案件，虽然无法彻底审察，一定要依据人情。』而世俗拘泥、愚蠢、苛刻的官吏，认为人情就是收取贿赂，就是取决于爱憎，就是偏袒亲戚，就是诬陷怨恨仇视的人。为什么世俗小吏所理解的人情，与古人差别就如此悬殊呢？有关部门用这种人情来怀疑众官吏，君主以这种人情来怀疑有关部门，所以君臣上下都相互猜疑，想要他们尽忠立节，很困难啊。

处理案件基本的道理是，一定要以所犯的事由作为主要依据，不严刑逼供，不四处搜求，不提倡多方寻找事端，以表现审理者的聪明。所以法律要端正检举控告的方法，对言辞错综比较以加以验证，是为了得到实情，不是为了掩盖实情，使得听狱决断建立在综合比较和明白听取的基础之上，不要使得案件在掌管诉讼刑狱的官吏手中被罗织罪名、修饰事理、曲成文辞。孔子说：『古人听狱断案，追求的是如何保全人的生命；如今听狱断案，追求的是如何将人杀掉。』所以巧说诡辩以曲解律令，根据案件随意制定法律，按照旁门左道也要一定加重罪责。另外，《淮南子》中说：『沣河水深达十仞，金器、铁器在水底，都能够从外面看到。水并非不够深和清，但鱼鳖等都不到这里来。』所以在上位的人把苛刻当做明察，把有功劳当成明智，把刻薄对待下属当做忠心，把攻击指责别人多当做功绩，这就像把皮革张得尽量

大一样，大是大了，这是导致破裂的做法。赏赐应当从重，惩罚应当从轻，君主做到宽厚，这是百代君王一贯的法则。刑罚的轻重，恩德的厚薄，被思念与被记恨，难道是可同日而语的吗！况且法律，是国家的权衡，时代的准绳。权衡是用来确定轻重的，准绳是用来端正曲直的，如今制定法律以宽厚平和为贵，惩罚人却想要严格残酷，喜怒取决于意志，高低取决于心情，这就好比是丢掉准绳来端正曲直，抛弃权衡来确定轻重，不是糊涂的做法吗？诸葛孔明，是小国的丞相，尚且说：『我的心像秤一样，不能为了某个人而规定轻重的标准。』况且是大国的君主，在风俗淳厚的时候，却依据心情抛弃法律，要招致他人的怨愤啊！

另外，陛下有一些小事，不想让人听到，那么就会突然发怒，以止息他人议论。如果做得对，让外面的人听到又有什么坏处？如果做得不对，即使掩盖又有什么益处？所以谚语说：『想要人不知，不如己不为；想要人不闻，不如己不言。』做了又想他人不知道，说了又想别人听不见，这就像掩目捕雀、掩耳盗钟一样，只会招致别人的取笑，将有什么好处呢？我又听说，没有长久混乱的国家，因为没有不能管理好的人民。君主的善恶由于教化的厚薄，所以夏禹、商汤因此而使国家有序，夏桀、商纣因此而使国家混乱；周文王、周武王因此而使国家安定，周幽王、周厉王因此而使国家危亡。所以古代圣明的君王，尽力修养自己的品行而不用以怪罪他人，追求自身的完善而不用以指责下属。所以说：『夏禹和商汤惩罚自己，他们的兴起是迅速的；夏桀和商纣惩罚他人，他们的灭亡是迅速的。』您不停息议论，极端违背恻隐的情感，肯定会为奸邪之人开辟道路。温舒当年所痛恨的事情，我也在心里惋惜没有被采用，不是没有听说啊。我听说尧有为敢于进谏的人准备的鼓，舜有为想要发表议论的人树立的木牌，商汤有专门纠正过错的大臣，周武王有提醒自己警惕谨慎的铭文。这都是从无形之中听取建议，从尚未发生的事情中探究得失，虚心对待下属，希望下面的情况能够

被上面所了解，上下都没有私心，君臣同心同德。魏武帝说：『有德行的君主喜欢听逆耳之忠言，犯颜之诤谏，亲近忠臣，厚待进谏的士。斥退奸邪之徒，疏远佞谀之人的原因，是一心打算保全自身和国家，远避灭亡的命运啊。』历代诸位君子，承受天命传承帝祚，即使不能上下无私，君臣合德，难道不想保全自身和国家，远避灭亡的命运吗？然而自古以来圣明的君主，成就功业建立事功，没有不凭借上下同心，鼓励大臣直言进谏的。

当初在贞观初年的时候，陛下戒惧谨慎，砥砺德行，虚心地接受别人的意见。听到善言一定会纠正自己的行为，有时出现了小的过错，接纳大臣忠心规谏，每当听到诚挚直率的言论，都喜形于色。所以忠烈之士，都能够把自己的话完全说出。自近年以来天下没有了忧患，远方的民族都畏惧敬服，志得意满，做事和当初就有所不同了。高谈痛恨奸邪，却喜欢听顺从自己心意的言语；空论忠诚正直，但不喜欢逆耳的忠言。偏私的道路渐渐打开，至公的大道一天天堵塞，即使南来北往的行路人，都知道这一点。国家的兴衰，实在是由这条道路的选择决定。作为君主的人，难道能不努力吗？我数年以来，每当接受了陛下的旨意，深深地担心群臣不肯把心里的话完全说出来。我仔细地考虑了这件事，自从近年以来，有的人上书言事，陈述的事情可能有得有失，但陛下只指摘他们的短处，从不称道他们的长处。另外，陛下地位尊崇，龙鳞难犯，如果事出仓促，那么就不敢把话完全说出来，偶尔有所陈述，也不能完全表达心意，如果进一步地想加倍竭尽心智，则更没有理由这样做了。况且所说的合乎道理，未必能够加官进爵，如果稍稍违背陛下的意旨，将会有惩罚随之而来，群臣不能够尽节，实在是由于这个原因。即使是身边侍从的大臣，朝夕在朝堂上事奉，可能还会有冒犯威严的事情，都心怀犹豫观望，何况那些疏远没有接触过的臣属，将怎么能够尽他们的忠心呢？另外，陛下曾经公开说：『臣下看见了什么事情，只管来说出来就可以了，为什么你们所说的话，就希望我采纳？』这是拒绝进谏的话，实在不是听取忠言的意思。为什么这样说呢？冒犯君主的威严，进献可以代替不当做法的可行之计，是为了成全君主的美德，匡救君主的过失。如果君主听了反而怀疑，事情得不到推行，让他们把忠诚正直的话都说出来竭尽忠心和力量，就恐怕遇到事情的时候心怀恐惧，不肯诚心效忠了。如果像您的诏书中所说，就是既让他们顺从自己的心意，又要督促他们把心里的话都吐露出来，这样使得臣子们进退两难将根据什么取舍呢？想要一定让他们进谏，在于陛下喜欢这样做而已。所以齐桓公喜欢穿紫色衣服，于是整个齐国境内没有其他颜色；楚王喜欢纤细的腰肢，结果后宫中有许多人为了减肥而饿死。对于君主耳目方面的爱好，他人尚且死都不违背，何况圣明的君主寻求忠正的贤士，千里之外都会响应，相信不是困难的事情。如果空有其言，而内心没有真正实行的意思，想让他们一定要来，没法做到啊。

唐太宗亲自写诏书答复说：

看来你前后上书劝谏，都是非常诚恳的意见，这就是我所期望于你的。我当初还在民间的时候，年龄还很小，没有接受过老师的教训熏陶，很少听到有德行学问的前辈的话。正值隋朝君主的统治土崩瓦解，天下遭受灾难，恐惧不安的百姓，没有躲避的地方。我从十八岁起，就怀有拯救危难的志向，振作奋发，于是就提起干戈，经受风霜雨露，东征西讨，每天不得停歇，没有一年安定地生活。蒙受苍天的保佑，秉承朝廷的谋划，义旗所指，所到之处无不平定。弱水、流沙等偏远地区，都有使节来往；披发左衽的少数民族地区，都成了接受文明教化的区域。我大唐新颁布的历法，虽然偏远的地方也没有不使用的。等到我恭敬地继承了国祚，接受了帝位，垂拱无为而治，战乱平息，到目前已经有十多年的时间了，这都是股肱之臣竭尽心智谋略，爪牙之士用尽勇武之力，同心同德，才达到了这种局面。我自认为德行浅薄，却享受这样深厚的福禄，经常因为弘扬国家基业，忧虑多责任重，常常害怕国家的各种事务多有荒废，听闻不够畅达，战战兢兢，坐以待旦。咨询于公卿大臣，甚至地位低下的差役，以赤诚之心交给人家。希望能够依赖大家的智慧，一有行动就合乎规则；德风淳厚，永远流传于史册。努力传播美好的声誉，一直追求做得最好。我因为自己能力弱小德行浅薄，在前代圣君面前多有惭愧，如果不凭借舟楫的帮助，怎么能够度过大河呢？不借助盐梅等调料，怎么能够调制出五味呢？赐给你三百匹绢。

评点 人们在对人进行评判时，常常会因距离的远近而产生认识的偏差，这在用人方面是应当竭力避免的。

诚信第十七

贞观初，有上书请去佞臣者，太宗谓曰：『朕之所任，皆以为贤，卿知佞者谁耶？』对曰：『臣居草泽，不的知①佞者，请陛下佯怒以试群臣，若能不畏雷霆，直言进谏，则是正人，顺情阿旨，则是佞人。』太宗谓封德彝曰：『流水清浊，在其源也。君者政源，人庶犹水，君自为诈，欲臣下行直，是犹源浊而望水清，理不可得。朕常以魏武帝多诡诈，深鄙其为人，如此，岂可堪为教令？』谓上书人曰：『朕欲使大信行于天下，不欲以诈道训俗，卿言虽善，朕所不取也。』

注释 ①的知：确知，确切了解。

译文 贞观初年，有人上书请求清除奸佞之臣，唐太宗对他说：『我所任用的人，都认为他们贤明，你所知道的奸佞的人是谁啊？』回答说：『我居住在民间，不能够确知谁是奸佞之人，请陛下假装发怒来试试群臣，如果不畏惧陛下发怒，直言进谏，就是正直的人，顺从意志阿谀奉承，就是奸佞的人。』唐太宗对封德彝说：『流水是清是浊，在于源头。君主是施政的源头，人民就像水一样，君主自己做奸诈的事，想要使臣下行为正直，这就如同源头浑浊而希望水流清澈一样，国家有序是不可能的。我常常认为魏武帝过于诡诈，非常鄙视他的为人，这样做，怎么能够推行教化命令？』于是对上书人说：『我打算让大信义推行于天下，不想用诡诈之道引导风俗，你的建议虽然不错，但我不会接受。』

评点 『上行下效谓之风，薰蒸渐渍谓之化。』（司马光：《传家集》卷二十四，《上谨习疏》）统治者的榜样作用历来受到人们的重视。唐太宗虽然善于纳谏，但没有听从这个人的建议，说明他在接受意见的同时也是注意区分是非的。

贞观十年，魏征上疏曰：

臣闻为国之基，必资于德礼，君之所保，惟在于诚信。诚信立则下无二心，德礼形则远人斯格。然则德礼诚信，国之大纲，在于君臣父子，不可斯须而废也。故孔子曰：『君使臣以礼，臣事君以忠。』又曰：『自古皆有死，民无信不立。』文子①曰：『同言而信，信在言前；同令而行，诚在令外。』然而言而不信，言无信也；令而不从，令无诚也。不信之言，无诚之令，为

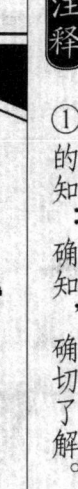

上则败德，为下则危身，虽在颠沛②之中，君子之所不为也。

自王道休明③，十有余载，威加海外，万国来庭，仓廪日积，土地日广，然而道德未益厚，仁义未益博者，何哉？由乎待下之情未尽于诚信，虽有善始之勤，未睹克终之美故也。昔贞观之始，乃闻善惊叹，暨八九年间，犹悦以从谏。自兹厥后，渐恶直言，虽或勉强有所容，非复曩时之豁如④。謇谔⑤之辈，稍避龙鳞；便佞之徒，肆其巧辩。谓同心者为擅权，谓忠谠者为诽谤。谓之为朋党，虽忠信而可疑；谓之为至公，虽矫伪而无咎。强直者畏擅权之议，忠谠者虑诽谤之尤。正臣不得尽其言，大臣莫能与之争。荧惑⑥视听，郁⑦于大道，妨政损德，其在此乎？故孔子曰『恶利口之覆邦家者』，盖为此也。

且君子小人，貌同心异。君子掩人之恶，扬人之善，临难无苟免，杀身以成仁。小人不耻不仁，不畏不义，惟利之所在，危人自安。夫苟在危人，则何所不至？今欲将求致治，必委之于君子；事有得失，或访之于小人。其待君子也则敬而疏，遇小人也必轻而狎。狎则言无不尽，疏则情不上通。是则毁誉在于小人，刑罚加于君子，实兴丧之所在，可不慎哉！此乃孙卿⑧所谓：『使智者谋之，与愚者论之，使修洁之士行之，与污鄙之人疑之，欲其成功，可得乎哉？』夫中智之人，岂无小惠？然才非经国，虑不及远，虽竭力尽诚，犹未免于倾败；况内怀奸利，承颜顺旨，其为祸患，不亦深乎？夫立直木而疑影之不直，虽竭精神，劳思虑，其不得亦已明矣。

夫君能尽礼，臣得竭忠，必在于内外无私，上下相信。上不信，则无以使下，下不信，则无以事上，信之为道大矣。昔齐桓公问于管仲曰：『吾欲使酒腐于爵，肉腐于俎，得无害霸乎？』管仲曰：『此极非其善者，然亦无害于霸也。』桓公曰：『如何而害霸乎？』管仲曰：『不能知人，害霸也；知而不能任，害霸也；任而不能信，害霸也；既信而又使小人参之，害霸也。』晋中行穆伯攻鼓⑨，经年而弗能下，馈间伦曰：『鼓之啬夫⑩，间伦知之。请无疲士大夫，而鼓可得。』穆伯不应，左右曰：『不折一戟，不伤一卒，而鼓可得，君奚为不取？』穆伯曰：『间伦之为人也，佞而不仁，若使间伦下之，吾可以不赏之乎？若赏之，是赏佞人也。佞人得志，是使晋国之士舍仁而为佞。虽得鼓，将何用之？』夫穆伯，列国之大夫，管仲，霸者之良佐，犹能慎于信任、远避佞人也如此，况乎为四海之大君，应千龄之上圣？而可使巍巍至德之盛，将有所间⑪乎？

若欲令君子小人是非不杂，必怀之以德，待之以信，厉之以义，节之以礼，然后善善而恶恶，审罚而明赏。则小人绝其私佞，君子自强不息，无为之治，何远之有？善善而不能进，恶恶而不能去，罚不及于有罪，赏不加于有功，则危亡之期，或未可保，永锡祚胤，将何望哉！

太宗览疏叹曰：『若不遇公，何由得闻此语！』

注释

①文子：相传是老子的弟子，姓文，名字已无可考。②颠沛：困顿挫折。③休明：美好清明，常用于赞美君子的盛德。④豁如：开阔，旷达。⑤謇谔：正直敢言。⑥荧惑：炫惑，使人迷惑。⑦郁：阻滞，堵塞。⑧孙卿：即荀子。⑨中行穆伯：春秋时晋国的贵族。鼓：春秋时鼓国，在今河北省晋县，白狄的一支，为晋国所灭。⑩啬夫：古代官职名，春秋时当为检束群吏百姓的官员。如《管子·君臣上》中有：『吏啬夫任事，人啬夫任教。』尹知章注曰：『吏啬夫谓检束群吏之官，若督邮之比也。人啬夫亦谓检束百姓之官。』⑪间：非难，毁谤。

译文

贞观十年（637年），魏征上疏说：

我听说治理国家的基础，一定要借助于道德和礼义，君主所应当保持的，就是诚信。诚信的原则得以确立，那么上面的人就没有二心，道德和礼义得到落实，那么即使边远地区的人也会自我约束。既然这样，那么道德、礼义、诚信，就是国家的根本纲领，存在于君臣父子等基本的人伦关系之中，一刻也不能抛弃。所以孔子说：『君主依据礼义来使用臣子，臣子凭借忠诚来事奉君主。』又说：『自古以来人人都会死，人民如果不信任国家就无法维持。』文子说：『说出的话能够让人赞同并且相信，是因为在说话之前就树立了信用；发出的命令能够让人认同并且遵守，是因为命令之外体现出的诚心。』既然这样，那么说出的话而不能够被别人相信，就是因为说的话没有信用；发出的命令得不到遵守，就是因为命令没有诚意。不被人相信的话，没有诚意的命令，对在上位者来说则会败坏品德，对在下位者来说则会危及自身，即使身处困顿挫折之中，君子也不会这样说、这样做。

自从王道得到彰扬，已经十多年了，神威远及海外，万国都来归服，仓库中的储备一天天增加，疆土一天比一天广阔，但是国家的道德风气却没有更加淳厚，仁义之道也没有更加广博，为什么呢？因为对待臣民的感情没有完全出于诚信，虽然在良好的开端中是勤勉于此的，但却没有能够看到坚持到最终而产生好的结果的缘故。当年在贞观之初的时候，陛下听到了善言就震惊感叹，以后的八九年间，都能够非常高兴地接受劝谏。从此之后，开始渐渐地厌恶直言规谏，虽然有时候能够勉强接受，也不像当初那般旷达。正直敢言之人，逐渐开始避免触怒您；阿谀奉承之徒，肆无忌惮地施展花言巧语。认为与自己同心同德的人是专权擅政，认为忠诚正直的人是诋毁诽谤。认为大臣是结党营私，即使忠诚守信也可能被怀疑；认为大臣是大公无私，即使是虚情假意也不会被责罚。刚强正直的人害怕会得到专权擅政的议论，忠诚公正的人担心承担诋毁诽谤的罪过。正直的臣子不能说出心里话，权位高的人不能与君主争辩。君主的视听被迷惑，治国的正道被阻塞，妨碍施政损害德行，就在于这个原因吧？所以孔子说『厌恶那些强词夺理而葬送了国家的人』，就是这个原因。

况且君子和小人，外表相同但内心不同。君子隐瞒别人的缺点，赞扬别人的好处，面对困难不会苟且追求幸免，牺牲自己也要成全仁义。小人不以不仁为耻，不认为不义可值得担心，只要有利益存在，就会危害别人使自己保全。如果能够危害别人，那么什么事情做不出来？如今如果想要达到天下安宁，一定要将这个职责委托给君子；但事情有不顺利的时候，有时又向小人求教。对待君子是既敬重又疏远，对待小人是既随意又亲近。亲近则言无不尽，疏远则消息无法使上面了解。因此诋毁和赞誉都取决于小人，刑罚都施加给了君子，这实在是国家兴亡的关键，能不慎重吗！这就是荀子所说的：『让智者谋划，同愚者谈论，让品德高尚的人实行，同品质恶劣的人一起怀疑，想要达到成功，可能吗？』智识一般的人，难道就没有小优点？但是他的才能达不到治理国家的要求，思考问题没有远见，即使竭尽全力极端忠诚，也不能逃避失败的命运；况且是内怀奸诈和私利，承顺脸色迎合心意之人，他们带来的灾祸，不是很深吗？竖起笔直的木头却怀疑影子不直，即使用尽心智，不停思虑，也不会成功，这个道理也已经很明显了。

君主能够恪尽礼义，臣属就能够竭尽忠诚，这一定取决于内外没有私心，上下相互信任。在上位的人不信任，就无法任用下属；下面的人不任用，就无法事奉上级，信任作为治国原则很重要啊。当年齐桓公问管仲说：『我想让酒臭在杯子里，肉烂在案板上，对于霸业没有危害吧？』管仲说：『这是非常不好的行为，然而对于霸业也不会有危害。』齐桓公问：『怎样才会危害霸业？』管仲说：『不能鉴察人的品德和才能，危害霸业；能够鉴察但不能任用人，危害霸业；任用而不能信任人，危害霸业；既信任人又要让小人参与，危害霸业。』晋国的中行穆伯攻打鼓国，攻打了一年没有攻克，馈间伦说：『鼓国的啬夫，我认识。不要再让将士们劳累了，鼓国可以拿下。』穆伯没有答应他，身边的人说：『不费一兵，不伤一卒，而鼓国可以拿下，你为什么不同意呢？』穆伯说：『馈间伦的为人，奸佞而不仁，如果让他拿下了鼓国，我能够不赏他吗？如果赏他，就是赏奸佞之人。奸佞之人得志，这是让晋国的人都舍弃仁义而追求奸佞。即使拿下了鼓国，又有什么用呢？』穆伯，是诸侯国的大夫。管仲，是霸主的好助手，仍能这样对信任慎重，疏远躲避奸佞之人，何况是拥有四海的天子，帝业千年的至圣呢？难道要使无比崇高的美德，要被人有所非议吗？

要使君子和小人是非不混淆，一定要用德行来安抚他们，用信任来对待他们，用道义来激励他们，用礼节来约束他们，

这样才能做到喜欢好的言行并厌恶坏的言行，刑罚得当而赏赐明确。那么小人就会抛弃他们的私心和奸佞，君子就会自强不息，无为而治的目标，还会远吗？喜欢善言善行但不能进用善人，厌恶恶言恶行而不能黜退恶人，刑罚不能加在有罪的人身上，赏赐也落不到有功的人头上，那么国家危亡的日子，或许都难以确定，将帝业永远传给后嗣，又怎么能够期望呢！

唐太宗看了奏疏之后说：『如果不是遇到你，我怎么能够听到这些话呢！』

评点 孔子曾经说：『如果没有人民信义，政府便无法维持。』他也是从管理国家的角度谈的。不但治理国家离不开『信』字，做人、做事同样离不开信义。

太宗尝谓长孙无忌等曰：『朕即位之初，有上书者非一，或言人主必须威权独任，不得委任群下；或欲耀兵振武，慑服四夷。惟有魏征劝朕「偃革兴文，布德施惠，中国既安，远人自服」。朕从此语，天下大宁①，绝域②君长，皆来朝贡，九夷重译，相望于道。凡此等事，皆魏征之力也。朕任用岂不得人？』征拜谢曰：『陛下圣德自天，留心政术。实以庸短，承受不暇，岂有益于圣明？』

注释 ①大宁：天下安定。②绝域：极其遥远的地方。

译文 唐太宗曾经对长孙无忌等人说：『我即位之初，有许多人上书言事，有的说君主必须借助威势和权力独

断专行，不能把事情委任给群臣；有的打算炫耀兵威加强武备，以镇服四方各族。惟有魏征劝我「停止兵革振兴文教，推行德政广施恩惠，中国得到安定，远方的人民一定会自己归服」。我听从了这个建议，天下安定，极其遥远的地方的君主酋长，都来朝拜进贡，各个民族通过重重翻译而来的，在道路上源源不断。这些事情，都是魏征的功劳。我任用的难道不是合适的人选吗？」魏征拜谢说：「陛下的圣德来自于天赋，专心于国家治理之道。我其实是以平庸短浅的见识，承担自己的职责力不从心，怎么能够对圣上的明智有补益呢？」

评点 对于一个国家或者组织来说，人才可以成为领导者的左膀右臂。古代君主礼贤下士而治国成功的事例不胜枚举。对于个人来说，有才华有能力的人在身边不但可以经常给自己提出一些指教和帮助，而且还可以直接促进自己能力的提高。

贞观十七年，太宗谓侍臣曰：「《传》称『去食存信①』，孔子曰：『民无信不立。』昔项羽既入咸阳，已制天下，向能力行仁信，谁夺耶？」房玄龄对曰：「仁、义、礼、智、信，谓之五常，废一不可。能勤行之，甚有裨益。殷纣狎侮五常，武王夺之；项氏以无信为汉高祖所夺，诚如圣旨。」

注释 ①去食存信：《论语·颜渊》记载：「子贡问政，子曰：『足食，足兵，民信之矣。』子贡曰：『必不得已而去，于斯三者何先？』曰：『去食。自古皆有死，民无信不立。』」

译文 贞观十七年（644年），唐太宗对侍从的大臣说：「古书中说『宁可失去粮食，也要坚持信义』，孔子说：「人民不信任，国家就无法维持。」当初项羽进入咸阳之后，已经控制了天下，如果能够努力推行仁爱信义，谁能从他手中夺走呢？」房玄龄回答说：「仁、义、礼、智、信，称为五常，缺一不可。能努力践行，很有帮助。商纣王轻慢五常，周武王夺取了他的天下；项羽因为没有信用天下被汉高祖夺取，的确像陛下说得那样。」

评点 中华民族历来把诚实守信作为立身处世之本，许多典籍中都谈到立信的重要性。《论语》中除了上面这一段论述与『信』有关外，还记载了孔子及其弟子许多相关的论述，其中我们耳熟能详的一句就是『人而无信，不知其可也』。充分说明了诚信对于一个人立身行事的重要意义。

俭约第十八

贞观元年，太宗谓侍臣曰：『自古帝王凡有兴造，必须贵顺物情。昔大禹凿九山，通九江，用人力极广，而无怨讟者，物情所欲，而众所共有故也。秦始皇营建宫室，而人多谤议者，为徇其私欲，不与众共故也。朕今欲造一殿，材木已具，远想秦皇之事，遂不复作也。古人云：「不作无益害有益①。」「不见可欲，使民心不乱②。」固知见可欲，其心必乱矣。至如雕镂器物，珠玉服玩，若恣其骄奢，则危亡之期可立待也。自王公以下，第宅、车服、婚嫁、丧葬，准品秩不合服用者，宜一切禁断。』由是二十年间，风俗简朴，衣无锦绣，财帛富饶，无饥寒之弊。

注释 ①不作无益害有益：出自《尚书·旅獒》。②不见可欲，使民心不乱：出自老子《道德经》。

译文 贞观元年（627年），唐太宗对身边侍从的大臣说：『自古以来帝王要有兴建营造之事，一定要尊重和顺应人心。当初大禹治水时凿开了九座大山，疏通了九条江河，用人力很多，而人民没有怨言，就在于人心所希望的，他能够和大家一起分享的缘故。秦始皇营造宫室，而人民有很多的诽谤议论，是因为他满足自己的私欲，不同大家一起分享的原因。我目前打算造一座宫殿，木材已经准备好了，遥想秦始皇的事情，于是就不再建造了。古人说：「不做没有用处的事情危害有用的事情。」「不展示可以激起欲望的东西，使民心不产生混乱。」可见展示可以激起欲望的东西，

他们的心就会产生混乱。至于像精雕细刻的器物，珠宝玉器服饰玩具之类，如果放任骄纵奢侈，那么危险灭亡的日子就指日可待了。自王公之下，府邸宅院、车马服饰、婚嫁、丧葬，根据等级地位不当使用的，应当完全禁止断绝。』从此之后二十年内，风俗简朴，衣服没有锦绣，财物丰富，没有饥寒之苦。

评点 鼓励老百姓发展生产与统治者节制欲望之间，有着非常紧密的因果联系。如果统治者欲望太强，贪得无厌，就势必会对老百姓横征暴敛，干扰他们正常的生产劳作，从而使生产无法进行，惠民措施只能成为空话。

贞观二年，公卿奏曰：『依礼，季夏之月①，可以居台榭。今夏暑未退，秋霖方始，宫中卑湿，请营一阁以居之。』太宗曰：『朕有气疾，岂宜下湿？若遂来请，糜费良多。昔汉文将起露台，而惜十家之产，朕德不逮于汉帝，而所费过之，岂为人父母之道也？』固请至于再三，竟不许。

注释 ①季夏之月：夏季的最后一个月，即农历六月。

译文 贞观二年（628年），公卿上奏说：『根据礼制，六月可以居住在台榭之中。如今夏天的暑热尚未消退，宫中地势低而潮湿，请建造一座阁楼来居住。』唐太宗说：『我的呼吸有问题，难道应当居住在低洼潮湿的地方吗？如果同意你的请求，就会耗费很多。当初汉文帝将要修建露台，但爱惜可能花掉的十家的财产，我的德行不如汉文帝，可是花费超过他，这怎么是作为人民的君父该做的呢？』公卿坚决请求了多次，唐太宗最终也没有答应。

评点 《淮南子》中曾经算过一笔账：『夫天地之大，计三年耕而余一年之食，率九年而有三年之畜，十八年

而有六年之积，二十七年而有九年之储，虽涔旱灾害之殃，民莫困穷流亡也。故国无九年之畜，谓之不足；无六年之积，谓之悯急；无三年之畜，谓之穷乏。』因此，为了不使老百姓陷入『困穷流亡』的境地，贤明的统治者应当躬行节俭，『取下有节，自养有度』，不要『挠于其下，侵渔其民，以适无穷之欲』（《淮南子·主术训》）。

贞观四年，太宗谓侍臣曰：『崇饰①宫宇，游赏池台，帝王之所欲，百姓之所不欲。帝王所欲者放逸②，百姓所不欲者劳弊。孔子云：「有一言可以终身行之者，其恕乎！己所不欲，勿施于人。」劳弊之事，诚不可施于百姓。朕尊为帝王，富有四海，每事由己，诚能自节，若百姓不欲，必能顺其情也。』魏征曰：『陛下本怜百姓，每节己以顺人。臣闻：「以欲从人者昌，以人乐己者亡。」隋炀帝志在无厌，惟好奢侈，所司每有供奉营造，小不称意，则有峻罚严刑。上之所好，下必有甚，竞为无限，遂至灭亡。此非书籍所传，亦陛下目所亲见。为其无道，故天命陛下代之。陛下若以为足，今日不啻足矣；若以为不足，更万倍过此，亦不足。』太宗曰：『公所奏对甚善。非公，朕安得闻此言？』

注释 ①崇饰：装饰，修饰。②放逸：放纵逸乐，轻松安逸。

译文 贞观四年（630年），唐太宗对身边侍从的大臣说：『修饰宫殿屋宇，游玩观赏水池亭台，是帝王喜欢做，百姓不喜欢的事情。帝王所喜欢的是轻松安逸，百姓不喜欢的是劳苦凋敝。孔子说：「有一句话可以终身奉行的，那就是恕吧！自己不喜欢的事情，不要强加给别人。」劳苦凋敝之事，的确不能施加于老百姓。我贵为帝王，富有四海，每件事情都取决于自己的意志，如果真正做到自我节制，如果百姓不喜欢，一定能够顺从他们的心意。』魏征说：『陛下出于爱怜百姓的本意，经常克制自己来顺从民心。我听说：「把自己的欲望顺从人民的人能够昌盛，用人民来使自己快乐的人就会灭亡。」隋炀帝一心贪得无厌，只是追求奢侈，相关部门每当有供奉或者建造，稍有不如意，就用严刑峻法来处置。在上位的人有所爱好，下面的人一定会更加过分，上下都竞相没有限制地追求，以至于灭亡。这不但是书籍中所记载的，也是陛下所亲眼见到的。因为他无道，所以上天让陛下取代了他。陛下如果感到满足，如今不异于已经充足了；如果感到不满足，再超过目前千万倍，也还是不充足。』唐太宗说：『你所奏对的很好。不是你，我怎么能够听到这些话呢？』

评点 克制自己的欲望，是道德修养的重要途径。无论对于天子还是一般老百姓来说都是这样。尤其是天子，为了满足自己的某种欲望和爱好往往给老百姓的正常生产和生活带来巨大扰动甚至灾难。

贞观十六年，太宗谓侍臣曰：『朕近读《刘聪①传》，聪将为刘后起凰仪殿，廷尉陈元达切谏，聪大怒，命斩之。刘后手疏启请，辞情甚切，聪怒乃解，而甚愧之。人之读书，欲广闻见以自益耳，朕见此事，可以为深诫。比者欲造一殿，仍构重阁，今于蓝田采木，并已备具，远想聪事，斯作遂止。』

注释

①刘聪：十六国时由匈奴族所建立的汉朝的皇帝，刘渊之子。

译文

贞观十六年（642年），唐太宗对身边侍从的大臣说：『我最近读《刘聪传》，刘聪打算为刘皇后建造凰仪殿，廷尉陈元达直言极谏，刘聪大怒，下令杀掉他。刘皇后亲自写奏疏为他求情，言语感情非常恳切，刘聪的怒气才消解，而感到非常惭愧。人读书，想要使闻见广博以对自己有所补益。我看到了这件事，可以作为一个深刻的教训。近来想要建造一座宫殿，并要建造二层楼阁，如今在蓝田采伐木料，木料已经齐备，遥想刘聪此事，这项工程于是就终止了。』

评点

唐太宗君臣之所以得出在统治中必须关注民生，采取惠民的措施，让老百姓能够安居乐业的结论，正是他们对隋朝及前代国家兴亡的经验教训反思的结果。

贞观十一年，诏曰：『朕闻死者终也，欲物之反真也；葬者藏也，欲令人之不得见也。上古垂风，未闻于封树①；后世贻则，乃备于棺椁。讥僭侈者，非爱其厚费；美俭薄者，实贵其无危。是以唐尧，圣帝也，谷林有通树之说②；秦穆，明君也，橐泉无丘陇③之处。仲尼，孝子也，防墓不坟④；延陵⑤，慈父也，嬴、博可隐⑥。斯皆怀无穷之虑，成独决之明，乃便体于九泉，非徇名于百代也。洎乎阖闾违礼，珠玉为凫雁⑦；始皇无度，水银为江海⑧；季孙擅鲁，敛以玙璠⑨；桓魋专宋，葬以石椁⑩。莫不因多藏以速祸，由有利而招辱。玄庐⑪既发，致焚如于夜台⑫；黄肠⑬再开，同暴骸于中野⑭。

详思曩事，岂不悲哉？由此观之，奢侈者可以为戒，节俭者可以为师矣。朕居四海之尊，承百王之弊，未明思化，中宵战惕。虽送往⑮之典详诸仪制，失礼之禁著在刑书，而勋戚之家多流遁⑯于习俗，闾阎⑰之内或侈靡而伤风，以厚葬为奉终，以高坟为行孝，遂使衣衾棺椁极雕刻之华，灵輀⑱冥器穷金玉之饰。富者越法度以相尚，贫者破资产而不逮，徒伤教义，无益泉壤⑲，为害既深，宜为惩革⑳。其王公以下，爰及黎庶，自今以后，送葬之具有不依令式者，仰州府县官明加检察，随状科罪。在京五品以上及勋戚家，仍录奏闻。』

注释

①封树：古代葬礼的习俗，堆土为坟，植树为饰。②谷林有通树之说：《吕氏春秋·安死》记载：『尧葬于谷林，通树之。』③橐泉：即橐泉宫，秦国宫殿名。《三辅皇图·宫》中说：『《皇览》曰秦穆公冢在橐泉宫祈年观下。』丘陇：用土堆起的坟墓。④防墓：防地之墓，为孔子父母合葬处。《礼记·檀弓上》中说：『孔子既得合葬于防，曰：「吾闻之，古也墓而不坟。今丘也东西南北之人也，不可以弗识也。」于是封之，崇四尺。孔子先反，门人后，雨甚至。孔子问焉，曰：「尔来何迟也？」曰：「防墓崩。」孔子不应，三，孔子泫然流涕曰：「吾闻之，古不修墓。」』郑玄注：『言所以迟者，修之而来。』坟：埋葬死者后筑起的土堆。⑤延陵：即春秋时吴国公子季札，吴王寿梦少子，封于延陵，称延陵季子。⑥嬴、博可隐：嬴和博都是齐邑，季札出使齐国，儿子中途病死，葬在嬴、博之间，见《礼记·檀弓下》。⑦珠玉为凫雁：《吴越春秋》记载：『阖庐死，葬于国西北，名虎丘，穿土为川，积壤为丘，发五都之士十万人，共治

千里，使象捷土，冢池四周，水深丈馀，椁三重，倾水银为池，池广六十步，黄金珠玉为凫雁。』⑧水银为江海：《史记·秦始皇本纪》记载：『始皇初即位，穿治郦山，及并天下，天下徒送诣七十馀万人，穿三泉，下铜而致椁，宫观百官奇器珍怪徙臧满之。令匠作机弩矢，有所穿近者辄射之。以水银为百川江河大海，机相灌输，上具天文，下具地理。以人鱼膏为烛，度不灭者久之。』⑨玙璠：美玉。《左传·定公五年》记载：『季平子行东野，还未至，丙申，卒于房，阳虎将以玙璠敛。』杜预注曰：『玙璠，美玉，君所佩。』季平子，即季孙氏，春秋时鲁国大夫，在鲁国专权多年。⑩桓魋：春秋时宋国司马。葬以石椁：《孔子家语》卷十记载：『孔子在宋，见桓魋自为石椁，三年而不成，工匠皆病。』⑪玄庐：墓的别称。⑫焚如：火焰炽盛。夜台：坟墓。⑬黄肠：柏木之心。柏木心黄，故称。汉代葬制，用去皮的柏木在棺椁之外垒起一道墙，成为『黄肠题凑』，省称『黄』。⑭中野：原野之中。⑮送往：祭送死者。⑯流遁：耽乐放纵。⑰闾阎：里巷内外的门，后多借指里巷，泛指民间。⑱灵輀：丧车。⑲泉壤：指墓穴。⑳惩革：吸取前人的教训而变革。

译文

贞观十一年（637年），唐太宗下诏说：『我听说死亡就是终结，想要使人回到原初自然的本真状态；埋葬就是收藏，想要使人不再见到他。上古传下的风范，没有听说过堆土植树作为坟墓的标记；后世留下的法则，才追求棺椁等丧葬物品和形式的完备。讥讽僭越奢侈者，并非吝啬高额的花费；赞美节俭薄葬者，其实看重的是这样可以使死者不至于受到危害。所以唐尧，是圣帝，他死后埋葬的地点谷林有被全部载上了树木之说；秦穆公，是明君，他死后埋葬的地点橐泉宫没有用土堆起的地方。孔子，是孝子，他父母合葬在防地的墓地没有土堆；季札，是慈父，异乡的嬴、博可以成为埋葬死去的儿子之地。这些都是怀着长远的考虑，做出了独立而英明的决断，是为了使遗体在九泉之下能够安息，并不是为了在后代永远留下好名声。至于阖闾违背礼制，用珍珠美玉制作陪葬的野鸭大雁；秦始皇奢侈无度，在

坟墓中用水银仿制江海；季孙在鲁国擅政，配着美玉入殓；桓魋在宋国专权，用石头做的棺椁下葬。这些人莫不因陪葬太多很快就招来灾祸，因为墓中有利可图而招来耻辱。墓穴被打开，导致墓葬被焚毁；黄肠进一步被打开，同尸骸一起暴露在原野之中。仔细想想从前的事情，难道不让人感到悲哀吗？因此看来，奢侈的人可以以此为戒，节俭的人可以以此为师。我身为天下至尊，承接百王之弊，不清楚如何改变，半夜仍感到恐惧。虽然祭送死者的典仪在礼制中很详细，禁止违背礼制的法令也写在刑律典章之中，但是功臣国戚之家大多放纵于旧习俗，在民间有时会因奢侈浪费而败坏风俗，把厚葬当做对双亲的最后事奉，把砌高坟墓当成是尽孝道，于是使得装殓用的衣被棺椁极尽雕刻的华丽，丧车和殉葬的器物也完全用黄金玉石装饰。富裕的人超越法度以互相攀比，贫穷之家倾家荡产也不能达到目的，只是伤害教化的原则，无益于死者的埋葬，对社会危害既然严重，就应当吸取教训而变革。自王公以下，以至于普通百姓，从今之后，送葬的用具有不按照法令仪制者，希望州、府、县的官员详细加以核查，根据情况予以定罪。在京城中的五品之上及功臣、国戚之家，还要记录上奏。』

评点

儒家重视丧葬，因此葬礼在中国古代往往成为耗费资财的重大活动。这其中的弊端当然也有很多，除了唐太宗之外，汉文帝等君主对此也曾有过专门的论述。

岑文本为中书令，宅卑湿，无帷帐之饰。有劝其营产业者，文本叹曰：『吾本汉南一布衣耳，竟无汗马之劳，徒以文墨致位中书令，斯亦极矣。荷

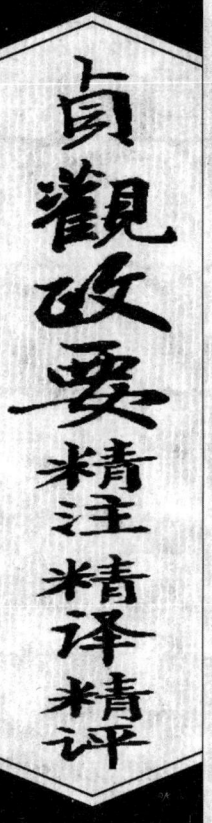

俸禄之重，为惧已多，更得言产业乎？』言者叹息而退。

译文 岑文本为中书令，住宅低洼潮湿，没有帷帐等装饰。有人劝他经营产业，他感叹说：『我本来是汉南的一个普通百姓，没有汗马功劳，只是因为舞文弄墨而位至中书令，已经很高了。领受如此重的俸禄，已经有很多不安，怎么敢再谈什么产业呢？』提建议的人叹息着退下了。

评点 古代能够通过『立德』而扬名后世者，往往都是因为严于律己、率先垂范。例如，诸葛亮一生始终『鞠躬尽瘁』，严格要求自己，事事率先垂范，以至最终留给子孙的只有十多顷薄田和几百株桑树，内无余帛，外无盈财，因此受到后人的称颂。

户部尚书戴胄卒，太宗以其居宅弊陋，祭享无所，令有司特为之造庙。

译文 户部尚书戴胄去世，唐太宗因为他的宅第破旧简陋，没有地方祭祀，令有关部门特意为他修了一座庙。

评点 节俭往往同清廉联系在一起，物质欲望是每个人都具有的，能够坚持廉洁的操守，甘受清贫，不为利欲所动，才显得廉洁节俭美德的难能可贵。

温彦博为尚书右仆射，家贫无正寝①，及薨，殡于旁室。太宗闻而嗟叹，遽命所司为造，当厚加赙赠②。

注释 ①正寝：泛指房屋的正厅或正屋。②赙赠：指赠送给丧家的财物。

译文 温彦博为尚书右仆射，家中贫穷没有正厅，等到去世时，灵柩停放在偏房。唐太宗听说之后叹息不已，于是命有关部门为他建造正房，并加倍赐给财物。

评点 颜回『一箪食，一瓢饮，在陋巷，人不堪其忧，回也不改其乐』被后人所推重，就在于人节制物质欲望之难，像温彦博、戴胄、魏征等人，虽身居高位，但能够洁身自好，所以才受到世人的称道，让唐太宗嗟叹。

魏征宅内，先无正堂。及遇疾，太宗时欲造小殿，而辍其材为征营构，五日而就。遣中使赍①素褥布被而赐之，以遂其所尚。

注释 ①赍：音jī，拿东西给人。

译文 魏征的家中，最初没有正堂。等到他病了之后，唐太宗打算建造一座小宫殿，于是就停下来用这些木材给魏征建正堂，五天就建成了。又派宫中的使节给魏征送去没有染色的丝褥和布被，以顺从他的喜好。

评点 由此可见，魏征不仅仅是劝唐太宗要修养德行，自己也是知行一致的。

谦让第十九

贞观二年，太宗谓侍臣曰：『人言作天子则得自尊崇，无所畏惧，朕则以为正合自守谦恭，常怀畏惧。昔舜诫禹曰：「汝惟不矜①，天下莫与汝争能；汝惟不伐②，天下莫与汝争功。」又《易》曰：「人道恶盈而好谦。」凡为天子，若惟自尊崇，不守谦恭者，在身倘有不是之事，谁肯犯颜谏奏？朕每思出一言，行一事，必上畏皇天，下惧群臣。天高听卑，何得不畏？群公卿士，皆见瞻仰，何得不惧？以此思之，但知常谦常惧，犹恐不称天心及百姓意也。』魏征曰：『古人云：「靡不有初，鲜克有终。」愿陛下守此常谦常惧之道，日慎一日，则宗社永固，无倾覆矣。唐、虞所以太平，实用此法。』

注释 ①矜：自大，自夸。②伐：自夸，自吹自擂。

译文 贞观二年（628年），唐太宗对身边侍从的大臣说：『有人说作天子的人应当把自己看得地位高贵，无所畏惧，我则认为天子正应当自我保持谦虚恭敬的品格，常常心怀畏惧。当年舜告诫禹说：「你只要不自大，天下没有人能比得上你的才能；你只要不自夸，天下没有人能比得上你的功劳。」《周易》中又说：「做人的原则是厌恶自满而追求谦虚。」作为天子，如果想着自己地位高贵，不保持谦恭的品德，自己身上如果有做的不对的事情，谁敢犯颜直谏和上奏？我经常想说一句话，做一件事，一定要上畏惧苍天，下畏惧群臣。苍天在高处听着低处的事情，怎么能不让人感到畏惧？公卿百官，都在仰望着我，怎么能不让人感到畏惧？这样想来，就明白经常谦卑经常畏惧，还恐怕不能满足上天的意志和老百姓的心意。』魏征说：『古人说：「事情无不有开始，但很少能够获得结果。」希望陛下能够保持这个经常谦卑经常畏惧的原则，一天比一天谨慎，那么社稷就能够永远稳固，没有倾覆的危险。唐尧、虞舜之所以实现了天下太平，其实就是使用的这个方法。』

评点 谦恭不仅是一种美德，而且是一种境界。『谦』是谦虚，不自满，肯接受批评，说谦虚的话，谦虚了才有足够的气魄包容一切，这也正是唐太宗为什么能勇于纳谏的原因之一。

贞观三年，太宗问给事中孔颖达曰：『《论语》云：「以能问于不能，以多问于寡，有若无，实若虚。」何谓也？』颖达对曰：『圣人设教，欲人谦光①。己虽有能，不自矜大，仍就不能之人求访能事。己之才艺虽多，犹病以为少，仍就寡少之人更求所益。己之虽有，其状若无，己之虽实，其容若虚。非惟匹庶②，帝王之德，亦当如此。夫帝王内蕴神明，外须玄默③，使深不可知。故《易》称「以蒙养正」，「以明夷莅④众」。若其位居尊极，炫耀聪明，以才陵人，饰非拒谏，则上下情隔，君臣道乖。自古灭亡，莫不由此也。』太宗曰：『《易》云：「劳谦⑤，君子有终，吉。」诚如卿言。』诏赐物二百段。

注释 ①谦光：谦虚而显示其光明美德。②非惟：不但，不仅。匹庶：平民百姓。③玄默：沉默不语。④明夷：六十四卦之一。离下坤上。《周易·明夷》中说：『明夷，利艰贞。』孙星衍《集解》引郑玄曰：『夷，伤也，日出地上，其明乃光，至其入地，明则伤矣，故谓之明夷。』后用比喻昏君在上，贤人遭受艰难或不得志。莅：治理，管理，统治。⑤劳谦：勤劳谦恭。

译文 贞观三年（629年），唐太宗问给事中孔颖达说：『《论语》中说：「有才能的人向没有才能的人请教，才艺多的人向才艺少的人请教，有才能就像没有才能一样，知识充实就像内心空虚一样。」这是什么意思？』孔颖达回答说：『圣人进行教化，想要使人谦虚。自己虽然有才能，不自高自大，仍然主动向没有才能的人询问他所擅长的事情。自己的才艺虽然多，仍然感到苦恼认为还很少，仍然主动向才艺少的人进一步学习他的长处。自己虽然具有才能，表现得像没有一样，自己虽然知识充实，接受新知识时仍然像很空虚一样。不仅平民百姓，帝王的德行，也应当如此。帝王内在的本质虽然无比英明，但外表应当沉默不语，让人觉得深不可测。所以《周易》中说：「用蒙昧来培养正确的德行」；「用掩藏明智来管理众人」。如果君主位居至尊，炫耀聪明，以才凌人，掩饰过错拒绝劝谏，那么上下之间消息隔绝，君臣之间道义疏远。自古以来国家灭亡，无不因此。』唐太宗说：『《周易》中说：「勤奋谦恭，君子将此坚持到底，吉利。」的确像你所说的。』下诏赐给他二百段绢帛。

评点 谦虚是成功的要素，古今中外许多知名的学者和有成就的人，也证明了这一点。被人们称为『力学之父』的牛顿，在二十多岁就创立了微积分，发现了光谱，提出了万有引力定律。尽管取得了这么多成就，他还是谦虚地说：『如果我所见的比别人远一点，那是因为我站在巨人肩上的缘故。』这句话不仅直接表现出了牛顿的谦虚，同时也说明，正是因为他虚心学习研究前人的科学成果，在前人成就的基础上，才更上了一层楼。

河间王孝恭，武德初封为赵郡王，累授东南道行台尚书左仆射。孝恭既讨平萧铣、辅公祏，遂领江、淮及岭南、北，皆统摄之。专制一方，威名甚著，累迁礼部尚书。孝恭性惟退让，无骄矜自伐之色。时有特进江夏王道宗，尤以将略①驰名，兼好学，敬慕贤士，动②修礼让，太宗并加亲待③。诸宗室中，惟孝恭、道宗莫与为比，一代宗英④云。

注释 ①将略：用兵谋略。②动：常常，动不动。③亲待：亲近优待。④宗英：皇室中才能杰出的人。

译文 河间王李孝恭，武德初年封为赵郡王，后来逐渐提升为东南道行台尚书左仆射。李孝恭消灭了萧铣、辅公祏之后，于是江淮及岭南、岭北，都由他管辖。独立统治一方，威名很盛，逐渐提升为礼部尚书。李孝恭性情谦让，没有骄傲自夸的神情。当时还有江夏王李道宗，特别以用兵谋略而驰名，同时他还好学，敬重仰慕贤士，常常进行礼节和谦让的修养，唐太宗对他们都很亲近优待。在宗室之中，只有李孝恭和李道宗没人能比，是皇室中的一代佼佼者。

评点 谦虚还是一种人生智慧。『满招损，谦受益。』不仅为官如此，就是为人、做事，也应当如此。如果你做出了成绩，别人自然会看到眼里，并不用时时刻刻都通过言语或行动表现出来，更不能因此而看不起别人，甚至居功自傲，目中无人，否则，你以前的成就不但不会成为继续前进的基础，反而会成为进一步发展的绊脚石。

仁恻第二十

贞观初，太宗谓侍臣曰：『妇人幽闭深宫，情实可愍。隋氏末年，求采①无已，至于离宫别馆，非幸御之所，多聚宫人。此皆竭人财力，朕所不取。且洒扫之余，更何所用？今将出之，任求伉俪，非独以省费，兼以息人，亦各得遂其情性。』于是后宫及掖庭②前后所出三千余人。

注释 ①求采：搜求选取。②掖庭：宫中旁舍，妃嫔居住的地方。

译文 贞观初年，唐太宗对身边侍从的大臣说：『妇女被幽禁封闭在深宫之中，处境实在很可怜。隋朝末年，不停搜求选取，至于离宫别馆，皇帝不会停留的地方，也聚集了很多宫女。这都是耗竭人民的财力，我不这样做。况且除了打扫庭院之外，还有什么用处呢？如今我要让她们出宫，随便选择配偶，不单单是为了节省开支，也是为了安定人民，也能够使她们顺从各自的情意。』于是后宫和庭掖中先后裁减去宫女三千多人。

评点 『恻隐之心，人皆有之。』唐太宗能够体会到他人的疾苦，所以才有释放宫女等有益于民众的举动。

贞观二年，关中旱，大饥。太宗谓侍臣曰：『水旱不调，皆为人君失德。朕德之不修，天当责朕，百姓何罪，而多遭困穷！闻有鬻男女者，朕甚愍焉。』乃遣御史大夫杜淹巡检，出御府金宝赎之，还其父。

译文 贞观二年（628年），关中地区发生旱灾，饥荒严重。唐太宗对身边侍从的大臣说：『水旱不和调，都是因为君主德行不够。我没有修养好德行，上天应当责罚我，百姓有什么罪过呢，而遭受了这样严重的困顿！听说有卖儿卖女者，我感到非常怜悯。』于是派御史大夫杜淹巡视，拿出皇室府库中的钱财赎买被卖出的男女，还给他们的父母。

评点 爱民就应『宁民』、『安民』，当遇到天灾人祸、民不聊生之时，采取措施保障百姓的正常生活，帮他们度过难关，对于社会稳定来说显得尤为重要。

贞观七年，襄州都督张公谨卒。太宗闻而嗟悼，出次发哀①。有司奏言：『准阴阳书②云：「日在辰，不可哭泣。」此亦流俗所忌。』太宗曰：『君臣之义，同于父子，情发于中，安避辰日？』遂哭之。

注释 ①出次：为悼念死者而离开正寝，出郊外暂住。发哀：举行哀悼仪式。②阴阳书：原指战国时邹衍、邹奭等所作阴阳历律之书，后多指择日、占卜、星相等书。

译文 贞观七年（633年），襄州都督张公谨去世。唐太宗听说之后哀伤悲叹，离开皇宫到郊外举行哀悼仪式。有关部门上奏说：『根据阴阳书中所说：「今天是辰日，不能哭泣。」这也是民间习俗的禁忌。』唐太宗说：『君臣之情，就像父子一样，哀伤之情从内心发出，怎么能避开辰日？』于是哭起来。

评点 这件事情既反映了唐太宗对君臣感情的重视，也反映了他不拘泥于迷信禁忌的品格。

贞观十九年，太宗征高丽，次①定州，有兵士到者，帝御州城北门楼抚慰之。有从卒一人病，不能进。诏至床前，问其所苦，仍敕州县医疗之。是以将士莫不欣然愿从。及大军回次柳城，诏集前后战亡人骸骨，设太牢②致祭，亲临，哭之尽哀，军人无不洒泣。兵士观祭者，归家以言，其父母曰：『吾儿之丧，天子哭之，死无所恨。』太宗征辽东，攻白岩城，右卫大将军李思摩为流矢所中，帝亲为吮血，将士莫不感励。

注释 ①次：临时驻扎或住宿。②太牢：古代祭祀，牛羊豕三牲具备称为太牢。

译文 贞观十九年（645年），唐太宗征讨高丽，临时驻扎在定州，有兵士来到这里，皇帝都要到州城的北门楼安抚慰问。有一个随从的士卒病了，不能够进见。唐太宗就下诏来到他的床前，询问他的病情，并命令当地州县为他治疗。因此将士们无不欣然愿意跟随他。等到大军返回驻扎在柳城，下诏收集前后阵亡的将士的尸骨，设置太牢之礼进行祭祀，唐太宗亲自到祭坛，哭得非常哀痛，军中将士无不垂泪。兵士有看到祭祀者，回家之后告诉了家里人，阵亡者的父母说：『我的儿子死了，天子为他哭泣，死而无憾。』唐太宗征伐辽东，攻打白岩城，右卫大将军李思摩被流矢射中，皇帝亲自为他吮吸淤血，将士们无不感动振奋。

评点 《史记·孙武吴起列传》中记载了一段关于吴起爱兵如子的小故事。吴起在魏国当将军的时候，十分体贴士兵，经常与条件最艰苦的士兵吃一样的饭、穿一样的衣，行军的时候也不骑马，而是亲自背负着军粮，以此来分担普通士兵的劳苦。有一次，吴起在巡营的时候，发现一个士卒身上生了毒疮，而且已经溃烂化脓。他不但十分关心地对这个生病的士兵问寒问暖，而且亲自蹲下来，用嘴为那位士兵吸吮伤口，以吸出其中积聚的脓液。那位士兵见大将军竟然如此对待自己，感动得热泪盈眶。其他士兵们看了，也深受感动。别人把这个故事讲给了那位士兵的母亲听。士兵的母亲听说了这件事后，却伤心地大哭起来。别人对她说：『你的儿子只是一个普通的士卒，大将军能为他亲自吸吮毒疮以疗伤。你看，将军对你儿子那么好，你应该高兴才对呀，为什么哭呢？』她说：『我是担心我儿子的命呀！当年，吴将军也曾为他的父亲吸吮过伤口，他父亲感念将军的恩情，舍生忘死，英勇杀敌，结果战死在沙场上。我的儿子现在也死定了！』将心比心，吴起和唐太宗对将士的体恤，换来的是十倍、百倍的回报。

慎所好第二十一

贞观二年，太宗谓侍臣曰：『古人云：「君犹器也，人犹水也，方圆在于器，不在于水。」故尧、舜率天下以仁，而人从之；桀、纣率天下以暴，而人从之。下之所行，皆从上之所好。至如梁武帝父子志尚浮华，惟好释氏、老氏之教；武帝末年，频幸同泰寺，亲讲佛经，百寮皆大冠高履①，乘车扈从②，终日谈论苦空③，未尝以军国典章为意。及侯景率兵向阙，尚书郎以下，多不解乘马，狼狈步走，死者相继于道路。武帝及简文卒被侯景幽逼而死。孝元帝在于江陵，为万纽于谨所围，帝犹讲《老子》不辍，百寮皆戎服以听。俄而城陷，君臣俱被囚挚。庾信亦叹其如此，及作《哀江南赋》，乃云：「宰衡④以干戈为儿戏，缙绅以清谈为庙略⑤。」此事亦足为鉴戒。朕今所好者，惟在尧、舜之道，周、孔之教，以为如鸟有翼，如鱼依水，失之必死，不可暂无耳。』

注释 ①大冠高履：为南朝时士大夫的时尚装束。颜之推《颜氏家训·涉务》中说：『梁世士大夫，皆尚褒衣博带，大冠高履，出则车舆，入则扶侍。』②扈从：随从皇帝出巡。③苦空：根据佛教教义，人世间一切皆苦，万事俱空。这里代指佛教教义。④宰衡：出自《汉书·平帝纪》：『夏，皇后见于高庙，加安汉公号曰「宰衡」。』颜师古注引应劭曰：『周公为太宰，伊尹为阿衡，采伊周之尊以加莽。』后以指宰相。⑤庙略：庙堂中的谋划。

【译文】贞观二年（628年），唐太宗对身边侍从的大臣说：『古人说：「君主好比器皿，人民好比是水，水是方是圆取决于器皿，不在于水本身。」所以尧、舜以仁道来治理天下，而人民也随之具有仁爱之心；桀、纣以暴政来治理天下，而人民也随之具有暴虐之心。下面的人的爱好，都是上面的人的爱好。至于像梁武帝父子追求浮华，只喜欢佛教、道教；武帝末年，频繁地到同泰寺中去，亲自宣讲佛经，群臣也都戴着高冠穿着高底鞋，乘车跟随，整天谈论佛教教义，从不把军国大事典章制度挂在心上。等到侯景领兵攻到宫阙，尚书郎以下的官员，大多不会骑马，狼狈地步行逃跑，死亡的人在路上一个接一个。梁武帝和简文帝最终被侯景囚禁逼迫而死。梁孝元帝在江陵，被西魏统帅万纽于谨所包围，孝元帝仍然在不停地讲授《老子》，百官都穿着军服在听。不久城被攻陷，君臣都被囚禁。庾信也感叹他们这样做，他作了一篇《哀江南赋》，其中说：「宰相把干戈当成儿戏，官员把清谈当做谋略。」这件事也足可以作为戒鉴。我如今所爱好的，只有尧、舜之道，周公、孔子之教，认为这些对于我来说就像鸟有了翅膀，就像鱼离不开水，失去它就会灭亡，一刻也不能没有啊。』

【评点】从汉武帝时，儒家思想便成为中国封建国家的主导治国理念。这是由于儒家思想和封建社会的时代要求相契合。

贞观二年，太宗谓侍臣曰：『神仙事本是虚妄，空有其名。秦始皇非分爱好，为方士所诈，乃遣童男童女数千人，随其入海求神仙。方士避秦苛虐，因留不归，始皇犹海侧踟蹰①以待之，还至沙丘而死。汉武帝为求神仙，乃将女嫁道术之人，事既无验，便行诛戮。据此二事，神仙不烦妄求也。』

【注释】①踟蹰：逗留。

【译文】贞观二年（628年），唐太宗对身边侍从的大臣说：『神仙之事本来就是虚妄的，空有其名。秦始皇过度爱好，被方士所欺骗，于是派童男童女数千人，跟随他们到海中去求神仙。方士为了逃避秦朝的苛政暴虐，于是留在那里没有回来，秦始皇还在海边逗留等待他们，回去时走到沙丘就死了。汉文帝为了求神仙，于是将女儿嫁给修行道术的人，事情没有应验，就大开杀戒。根据这两件事，神仙不要妄求啊。』

【评点】春秋时子产和孔子就分别提出了『天道远，人道迩』（《左传·昭公十八年》）和『未能事人，焉能事鬼』（《论语·先进》）的著名论断。在国家治理中，只有以民为本，才是长治久安之道。

贞观四年，太宗曰：『隋炀帝性好猜防，专信邪道，大忌胡人，乃至谓胡床①为交床，胡瓜为黄瓜，筑长城以避胡。终被宇文化及使令狐行达杀之。又诛戮李金才，及诸李殆尽，卒何所益？且君天下者，惟须正身修德而已，此外虚事，不足在怀。』

【注释】①胡床：一种可以折叠的轻便坐具。

【译文】贞观四年（630年），唐太宗说：『隋炀帝生性喜好猜疑防范，专门迷信歪门邪道，非常忌讳胡人，以致称胡床为交床，胡瓜为黄瓜，修筑长城以隔开胡人。他最终被宇文化及派令狐行达杀死。另外，他还杀了李金才，以致把李氏家族差不多杀光，最终有什么用处呢？况且治理天下的人，只需要端正自身修养品行就够了，这些虚妄之事，不值得考虑。」

评点 正如儒家的创始人孔子曾经多次强调的：『君子之德风，小人之德草。草上之风，必偃』。统治者如果自身不端正而追求社会稳定，无异于缘木求鱼。

贞观七年，工部尚书段纶奏进巧人杨思齐至。太宗令试，纶遣造傀儡戏具。太宗谓纶曰：『所进巧匠，将供国事，卿令先造此物，是岂百工①相戒无作奇巧之意耶？』乃诏削纶阶级②，并禁断此戏。

注释 ①百工：各种工匠。②阶级：官的品位、等级。

译文 贞观七年（633年），工部尚书段纶引荐一位名叫杨思齐的手巧工匠来到宫里。唐太宗让他试试身手，段纶让他制造演傀儡戏的用具。唐太宗对段纶说：『你所举荐的巧匠，是为了替国家做事，你让他先造这东西，这难道是各种工匠相互告诫不要做奇巧之物的意思吗？』于是下诏降低段纶的官职，并彻底禁止傀儡戏。

评点 《尚书》上说：『玩人丧德，玩物丧志』，一个人如果沉缅于声色享受，必然会丧失进取的志向。这样的例子历史上比比皆是。

慎言语第二十一

贞观二年，太宗谓侍臣曰：『朕每日坐朝，欲出一言，即思此一言于百姓有利益否，所以不敢多言。』给事中兼知起居事杜正伦进曰：『君举必书，言存左史①。臣职当兼修起居注②，不敢不尽愚直。陛下若一言乖于道理，则千载累于圣德，非止当今损于百姓，愿陛下慎之。』太宗大悦，赐彩百段。

注释 ①左史：周代史官有左史、右史之分，根据《汉书·艺文志》，左史记言，右史记事。唐代曾以门下省之起居郎、中书省之起居舍人为左、右史，分别主记事与记言。②起居注：皇帝的言行录。唐代时凡朝廷命令赦宥、礼乐法度，赏罚除授，群臣进对，祭祀宴享，临幸引见，四时气候，户口增减，州县废置等事，皆按日记载。

译文 贞观二年（628年），唐太宗对身边侍从的大臣说：『我每天坐朝，打算说一句话，就会考虑这句话对老百姓是否有利益，所以不敢多说。』给事中兼知起居事杜正伦进言说：『君主的举动都一定会记录下来，说过的话保存在左史那里，我兼任着修撰起居注的职责，不敢不恪尽做臣子的诚挚之心。陛下如果有一句话违背道理，那么千年之后都还会对陛下的圣德有损害，不只是当前损害百姓的利益，希望陛下能够谨慎。』唐太宗非常高兴，赐给他一百匹彩缎。

评点 有人说，中国虽然没有西方那样的宗教信仰，但中国人青史留名的期望同样可以成为终极追求，这话是有道理的。

贞观八年，太宗谓侍臣曰：『言语者，君子之枢机，谈何容易①？凡在众庶，一言不善，则人记之，成其耻累，况是万乘之主？不可出言有所乖失。其所亏损至大，岂同匹夫？我常以此为戒。隋炀帝初幸甘泉宫，泉石称意，而怪无萤火，敕云：「捉取多少于宫中照夜。」所司遽遣数千人采拾，送五百舆于宫侧，小事尚尔，况其大乎？』魏征对曰：『人君居四海之尊，若有亏失，古人以为如日月之蚀，人皆见之，实如陛下所戒慎。』

注释

①谈何容易：谈说论议、指陈得失不可轻易从事。何容：岂可，怎能容许。如《盐铁论·箴石》只有：『贾生有言曰：「恳言则辞浅而不入，深言则逆耳而失指。」故曰：「谈何容易。」谈且不易，而况行之乎？』马非百《简注》说：『谈，说话。何容，怎能容许。易，轻易。』

译文

贞观八年（634年），唐太宗对身边侍从的大臣说：『言语，是君子品质的关键，谈说议论怎能容许轻易从事？对于普通老百姓来说，一句话说得不对，那么人们就会记住，成为他的耻辱和损害，何况是大国的君主？说话不能违背道理。他如果说话违背道理损失会很大，同普通老百姓能够一样吗？我经常以此来提醒自己。隋炀帝刚到甘泉宫的时候，泉水山石都符合他的心意，但却责怪没有萤火，下令说：「捉取一些放在宫中夜里照明。」有关部门于是派了几千人四处捕捉萤火虫，送来五百车萤火虫到甘泉宫的附近，小事尚且如此，何况是大事呢？』魏征回答说：『君主身处国家最尊贵的位置，如果在道理上有所违背，古人认为就如同日食和月食一样，人人都会看得到，的确像陛下所警戒和谨慎的那样。』

评点

注意自己的讲话艺术和分寸，在与人交往中是多么重要。尤其是处于众人仰慕的地位，每一句话都可能给他人带了深远的影响，所以更应当注意。

贞观十六年，太宗每与公卿言及古道，必诘难往复。散骑常侍刘洎上书谏曰：『帝王之与凡庶，圣哲之与庸愚，上下相悬，拟伦①斯绝。是知以至愚而对至圣，以极卑而对极尊，徒思自强，不可得也。陛下降恩旨，假慈颜，凝旒②以听其言，虚襟以纳其说，犹恐群下未敢对扬③，况动神机，纵天辩，饰辞以折其理，援古以排其议，欲令凡庶何阶应答？臣闻皇天以无言为贵，圣人以不言为德，老子称「大辩若讷」，庄生称「至道无文」，此皆不欲烦也。是以齐侯读书，轮扁窃议④；汉皇慕古，长孺陈讥⑤，此亦不欲劳也。且多记则损心，多语则损气，心气内损，形神外劳，初虽不觉，后必为累。须为社稷自爱，岂为性好自伤乎？窃以今日升平，皆陛下力行所至。欲其长久，匪由辩博，但当忘彼爱憎，慎兹取舍，每事敦朴，无非至公，若贞观之初，则可矣。至如秦政⑥强辩，失人心于自矜，魏文宏材，亏众望于虚说。此才辩之累，皎然可知。伏愿略兹雄辩，浩然养气，简彼缃图⑦，淡焉怡悦⑧，固万寿于南岳⑨，齐百姓于东户⑩，则天下幸甚，皇恩斯毕。』太宗手诏答曰：『非虑无以临下，非言无以述虑。比有谈论，遂至烦多。轻物骄人，恐由兹道。形神心气，非此为劳。今闻谠言，虚怀以改。』

注释

①拟伦：比拟，类比。②凝旒：冕旒静止不动。形容帝王态度肃穆专注。旒：音liú，同『鎏』，冕冠前后悬垂的玉串。③对扬：原意是臣受君赐时的答谢、颂扬之语。泛指面君答对。④齐侯读书，轮扁窃议：齐侯：这里指齐桓公；轮扁：春秋时齐国著名的造车工匠。《庄子·天道》记载：『桓公读书于堂上，轮扁斫轮于堂下，释椎凿而上，问桓公曰：「敢问公之所读者，何言邪？」公曰：「圣人之言也。」曰：「圣人在乎？」公曰：「已死矣。」曰：「然则君之所读者，古人之糟魄已矣！」桓公曰：「寡人读书，轮人安得议乎！有说则可，无说则死！」轮扁曰：「臣也以臣之事观之。斫轮，徐则甘而不固，疾则苦而不入，不徐不疾，得之于手而应于心，口不能言，有数存焉于其间。臣不能以喻臣之子，臣之子亦不能受之于臣，是以行年七十而老斫轮。古之人与其不可传也死矣，然则君之所读者，古人之糟魄已夫！」』⑤汲皇慕古，长孺陈讥：汲皇：这里指汉武帝；长孺：西汉名臣汲黯的字。《史记·汲黯列传》记载：汉武帝时，『天子方招文学儒者，上曰吾欲云云，黯对曰：「陛下内多欲而外施仁义，奈何欲效唐虞之治乎！」上默然，怒，变色而罢朝。』⑥秦政：指秦始皇，名嬴政。⑦缃图：指书卷图籍。缃：浅黄色，泛指书卷。⑧怡悦：取悦，喜悦。这里指情绪爱好。⑨南岳：即南山。《诗经·小雅·天保》中有：『如月之恒，如日之升，如南山之寿，不骞不崩。』常用于比喻人健康长寿。⑩东户：即东户季子，传说中的上古君主。《淮南子·缪称训》中说：『昔东户季子之世，道路不拾遗，耒耜余粮宿诸畮首。』

译文

贞观十六年（642年），唐太宗每当与公卿大臣们谈及古代的道理，一定要反复反问辩驳。散骑常侍刘洎上书劝谏说：『帝王与一般百姓，圣贤与平庸愚昧之人，高低相差悬殊，无法相比。因此可知以极端愚昧面对极端聪明，以极端卑微面对极端尊贵，只是想着要自我努力，也是无法达到相同高度的。陛下降下充满恩德的旨意，摆出慈祥的面容，态度肃穆庄重听他们谈论，虚怀若谷以接受他们的建议，尚且害怕众臣下不敢面君应对，况且动用您的神妙智慧，施展您的天生辩才，修饰自己的言辞来驳斥他们提出的道理，引用古人来排斥他们的议论，这样做想要使一般人通过什么途径来应答您呢？我听说皇天因沉默而尊贵，圣人因沉默而显出德行，老子说「最出色的辩论者好像是木讷一样」，庄子说「最精深微妙的大道没有文彩」，这都是不想让人过于烦杂。所以齐桓公读书，轮扁私下里议论；汉武帝仰慕古人，汲黯表达了自己的讥讽，这也是不想让人过于劳烦啊。况且记忆过多则损害心，言语过多则损害气，身内的心、气受到损伤，外在的形、神就会劳顿，开始时虽然无法发觉，最终必然要受到拖累。陛下应当为了社稷而自我珍惜，怎么能够为了一时的情绪喜好而自我损伤呢？我认为如今的升平景象，都是陛下力行的结果。想要使这种状况长久保持下去，不是靠辩论反驳所能够达到的，应当忘记自己的爱憎，谨慎进行取舍，每件事上都要敦厚朴实，做事不要背离至公之道，就像贞观初年一样，这就可以了。至于像秦始皇能言善辩，因为自高自大而失去人心；魏文帝才高志大，因为空谈而辜负了众人的期望。这都是口才和善辩的拖累，非常明白易知。希望陛下能够减少一些雄辩，修养浩然正气，减少一些对书卷的关注，节制一下自己的情绪爱好，确保像南山一样万寿无疆，把百姓治理得像东户季子时代一样，那么天下人都会感到万分荣幸，皇恩也能够真正得到贯彻。』唐太

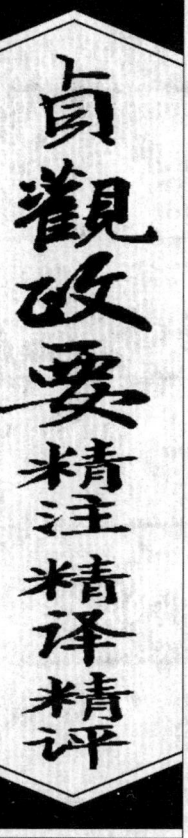

宗亲自写诏书答复说：『不经过思虑不能够治理天下，不通过言语不能表达思虑。近来有些谈论，以至到了烦杂过盛的地步。轻视他人，对人傲慢，恐怕会由此而生。形、神、心、气，不能承受这样的劳顿。如今听到你的直言，一定虚心改正。』

评点

《论语·子路篇》记载孔子的话说：『刚、毅、木、讷近仁。』即刚强、果断、朴实、而言语不轻易出口，有这四种品德的人就接近仁德了。古希腊罗马把辩论术当做人的最重要的才能之一，而在中国古代，则认为花言巧语、能言善辩的人是靠不住的。

杜谗邪第二十三

贞观初，太宗谓侍臣曰：『朕观前代，谗佞之徒，皆国之蟊贼①也。或巧言令色，朋党比周。若暗主庸君，莫不以之迷惑，忠臣孝子所以泣血衔冤。故丛兰欲茂，秋风败之；王者欲明，谗人蔽之。此事著于史籍，不能具道。至如齐、隋间谗谮事，耳目所接者，略与公等言之。斛律明月，齐朝良将，威震敌国，周家每岁斫汾河冰，虑齐兵之西渡。及明月被祖孝征谗构伏诛，周人始有吞齐之意。高颎有经国大才，为隋文帝赞成霸业，知国政者二十余载，天下赖以安宁。文帝惟妇言是听，特令摈斥。及为炀帝所杀，刑政由是衰坏。又隋太子勇抚军监国，凡二十年间，固亦早有定分。杨素欺主罔上，贼害良善，使父子之道一朝灭于天性，逆乱之源，自此开矣。隋文既混淆嫡庶，竟祸及其身，社稷寻亦覆败。古人云「世乱则谗胜」，诚非妄言。朕每防微杜渐，用绝谗构之端，犹恐心力所不至，或不能觉悟。前史云：「猛兽处山林，藜藿为之不采；直臣立朝廷，奸邪为之寝谋②。」此实朕所望于群公也。』魏征曰：『《礼》云：「戒慎乎其所不睹，恐惧乎其所不闻③。」《诗》云「恺悌君子，无信谗言。谗言罔极，交乱四国④。」又孔子曰：「恶利口之覆邦家⑤」，盖为此也。臣尝观自古有国有家者，若曲受谗谮，妄害忠良，必宗庙丘墟，市朝霜露矣。愿陛下深慎之！』

注释

①蟊贼：愿意指吃禾苗的两种害虫。如《诗经·小雅·大田》中有：『去其螟螣，及其蟊贼。』毛传曰：『食根曰蟊，食节曰贼。』比喻危害人民或国家的人。②猛兽处山林，藜藿为之不采，直臣立朝廷，奸邪为之寝谋：出自《汉书·盖宽饶传》：『臣闻山有猛兽，藜藿为之不采；国有忠臣，奸邪为之不起。』藜藿：藜和藿，两种野菜。寝：隐蔽，隐瞒。③戒慎乎其所不睹，恐惧乎其所不闻：出自《礼记·中庸》。④恺悌君子，无信谗言。谗言罔极，交乱四国：出自《诗经·小雅·青蝇》。恺悌：原作『岂弟』，和乐平易。⑤恶利口之覆邦家：出自《论语·阳货》。利口：能言善辩，强词夺理。

译文

贞观初年，唐太宗对身边侍从的大臣说：『我看前代的历史，谗邪奸佞之徒，都是危害国家的蟊贼。

他们经常花言巧语见风使舵，结党营私相互包庇。如果君主暗弱愚昧，莫不被他们所迷惑，忠臣孝子因此而泣血含冤。所以丛生的兰草想要茂盛，秋风使它们凋敝了；君主想要圣明，谗邪之徒把他们蒙蔽了。这类事情记载在史籍之中，例子举不胜举。至于像北齐、隋朝时的谗言中伤之事，亲耳听到亲眼见到的，大致同你们说一下。斛律明月，是北齐的良将，威震敌国，北周每年都要把汾河上的冰敲碎，怕齐兵渡河到西岸来攻击他们。等到斛律明月被祖孝征进谗言陷害杀死之后，北周才有吞并北齐的打算。高颎有治理国家的雄才大略，辅佐隋文帝成就了霸业，参与谋划国家大事二十多年，天下依赖他而得到安定。隋文帝只听妇人之言，专门下令罢黜了他。等他被隋炀帝所杀，国家的法度政治因此有衰败。另外，隋朝的太子杨勇抚军监国，前后二十多年，已经早就有了确定的名分。杨素欺君罔上，残害善良之人，使父子之间原本出于天性的亲情一下子被破坏了，叛逆混乱的源头，从此被打开。隋文帝一旦混淆了长幼嫡庶之分，结果自己也遭受了祸殃，国家不久也灭亡了。古人说「世道混乱则谗邪得逞」，这的确不是没有根据的话。我经常防微杜渐，以杜绝谗言构陷的源头，尚且怕自己思想和力量达不到，或者自己不能觉察体悟。前代史书中说：「有猛兽在山林中，藜藿就因此而不会被采挖；有正直的大臣站在朝廷上，奸邪之人就因此而隐藏自己的计划。」这也是我对你们的期望。』魏征说：『《礼记》中说：「在别人看不到的地方也应该警惕谨慎，在别人听不到的地方也应当感到恐惧不安。」《诗经》中说：「和乐平易君子，不要听信谗言。谗言没有休止，扰乱天下四方。」另外孔子也说：「厌恶强词夺理扰乱国家」，都是这个原因。我曾经考察过古代有国有家的人，如果曲意接受谗言构陷，随意陷害忠良，一定会使宗庙成为废墟，市朝成为荒野。希望陛下重视这件事！』

评点 唐太宗一面提出要勇于纳谏，一面又要杜绝谗邪，如果不是有审慎和明智的判断力，这两者是很难同时做到的。

贞观七年，太宗幸蒲州。刺史赵元楷课父老①服黄纱单衣，迎谒路左，盛饰廨宇②，修营楼雉③以求媚；又潜饲羊百余口、鱼数千头，将馈贵戚。太宗知，召而数之曰：『朕巡省河、洛，经历数州，凡有所须，皆资官物。卿为饲羊养鱼，雕饰院宇，此乃亡隋弊俗，今不可复行。当识朕心，改旧态也。』以元楷在隋邪佞，故太宗发此言以戒之。元楷惭惧，数日不食而卒。

注释 ①课：要求，督促。父老：对老年人的尊称。②廨宇：官舍。③楼雉：城楼与城堞，泛指城墙。

译文 贞观七年（633年），唐太宗巡行蒲州。刺史赵元楷命令州中父老穿着黄纱做的单衣，在路边迎候，并大加装饰官舍，修缮营造城墙来博取皇帝的欢心；同时又偷偷地养了一百多只羊、几千条鱼，打算送给皇亲国戚。唐太宗知道了此事，将其召来数落他说：『我巡查河、洛一带，经过了数个州城，凡是有所需要，都依靠官府供给。你为我饲养羊和鱼，装饰院落房屋，这是灭亡了的隋朝的坏习俗，如今不能再这样做了。你要了解我的心意，改变原来的做法。』因为赵元楷在隋朝时奸邪谗佞，所以唐太宗说这样的话来警告他。赵元楷惭愧畏惧，几天吃不下饭死了。

评点 如果面对的皇帝不是唐太宗，或许赵元楷又要因此而升迁了。

贞观十年，太宗谓侍臣曰：『太子保傅①，古难其选。成王幼小，以周、召为保傅，左右皆贤，足以长仁，致理太平，称为圣主。及秦之胡亥，始皇所爱，赵高作傅，教以刑法。及其篡也，诛功臣，杀亲戚，酷烈不已，旋踵亦亡。以此而言，人之善恶，诚由近习。朕弱冠②交游，惟柴绍、窦诞等，为人既非三益③，及朕居兹宝位，经理天下，虽不及尧、舜之明，庶免乎孙皓、高纬之暴。以此而言，复不由染，何也？』魏征曰：『中人可与为善，可与为恶，然上智之人自无所染。陛下受命自天，平定寇乱，救万民之命，理致升平，岂绍、诞之徒能累圣德？但经云：「放郑声，远佞人④。」近习之间，尤宜深慎。』太宗曰：『善。』

注释

①保傅：古代保育、教导太子等贵族子弟及未成年帝王、诸侯的男女官员的统称。②弱冠：古时以男子二十岁为成人，初加冠，因体犹未壮，故称弱冠。后遂称男子二十岁或二十几岁的年龄为弱冠。③三益：《论语·季氏》中说：『孔子曰：益者三友，损者三友。友直，友谅，友多闻，益矣。』借指能给自己以帮助和教益的良友。④放郑声，远佞人：出自《论语·卫灵公》：『放郑声，远佞人。郑声淫，佞人殆。』郑声：原指春秋战国时郑国的音乐。因与孔子等提倡的雅乐不同，故受儒家排斥。刘宝楠《正义》说：『《五经异义·鲁论》说郑国之俗，有溱、洧之水，男女聚会，讴歌相感，故云郑声淫。』

译文

贞观十年（636年），唐太宗对身边侍从的大臣说：『保育、教导太子的官员，自古以来就难以挑选。周成王年幼时，以周公、召公为他的师傅，身边都是贤人，足以增长仁心，使得国家被治理得非常安定，被称为圣主。秦朝的胡亥，是秦始皇宠爱的儿子，赵高作师傅，教他严刑峻法。等他篡位之后，杀功臣，杀亲人，残酷暴虐的事情没有休止，不久之后就灭亡了。因此可知，人的善恶，的确都是被周围的事物长久熏染的结果。我二十出头时交往的朋友，只有柴绍、窦诞等人，他们从为人上说不是给人以助益的良友，等我登上帝位，治理天下，虽然不如尧、舜英明，但差不多可以避免孙皓、高纬那样的暴政。以此来说，人的习性有不是熏陶的结果，为什么呢？』魏征说：『中等资质的人可以受善的影响而为善，也可以受恶的影响而为恶，但是上等智慧的人自然不会受到熏染。陛下承受天命，平定内乱外患，拯救万民之命，治理国家达到太平，您的圣德难道是柴绍、窦诞等人能损害的吗？但是经典中说：「抛弃靡靡之音，远离奸佞之人。」对于身边之人的习染，还是应当特别慎重。』唐太宗说：『说得好。』

评点

人的道德养成，既与客观环境有关，更与主观的意愿和努力程度有关。即使处于同样的成长环境之下，不同的人最终的境界可能也会不同。

尚书左仆射杜如晦奏言：『监察御史陈师合上《拔士论》，谓人之思虑有限，一人不可总知数职，以论臣等。』太宗谓戴胄曰：『朕以至公治天下，今任玄龄、如晦，非为勋旧，以其有才行也。此人妄事毁谤，止欲离间我君臣。昔蜀后主昏弱，齐文宣狂悖，然国称治者，以任诸葛亮、杨遵彦不猜之故也。

朕今任如晦等，亦复如法。』于是，流陈师合于岭外①。

注释 ①岭外：即岭南。

译文 尚书左仆射杜如晦上奏说：『监察御史陈师合上了一篇《拔士论》，文中说人的思考能力有限，一个人不可能统管数种职责，来议论我们这些大臣。』唐太宗对戴胄说：『我以大公无私之道治理天下，如今任用房玄龄、杜如晦，并非因为他们是有功勋的旧臣，因为他们有才能和德行。这个人妄加毁谤，只是要离间我们君臣之间的关系。当年蜀汉后主刘禅昏庸暗弱，北齐文选帝高洋狂妄悖礼，然而国家能够治理得非常好，就是由于任用诸葛亮、杨遵彦没有猜忌之心的缘故。我如今任用杜如晦，也是按照前人的做法。』因此，把陈师合流放到了岭南。

评点 俗话说：『疑人不用，用人不疑。』陈师合的观点也许是值得商榷的。但因一道奏疏将其流放到岭南，与唐太宗一贯的作风则不太一致。

贞观中，太宗谓房玄龄、杜如晦曰：『朕闻自古帝王上合天心，以致太平者，皆股肱之力。朕比开直言之路者，庶知冤屈，欲闻谏诤。所有上封事人，多告讦百官，细无可采。朕历选前王，但有君疑于臣，则下不能上达，欲求尽忠极虑，何可得哉？而无识之人，务行谗毁，交乱君臣，殊非益国。自今以后，有上书讦人小恶者，当以谗人之罪罪之。』

译文 贞观年间，唐太宗对房玄龄、杜如晦说：『我听说自古以来帝王之心与上天相合，以达到天下太平，都是辅佐大臣的功劳。我近来开辟直言进谏之路的原因，是希望了解下面的冤屈，打算听到直言诤谏，所有上秘密奏章的人，大多是告发攻击百官，事情琐碎无法采纳。我遍观前代君主，如果有君主疑心臣子的，那么下面的情形就不能够上达，想要让大臣竭尽忠诚和思虑，怎么可能呢？但是那些没有见识的人，专门从事造谣毁谤，扰乱君臣关系，对于国家很没有好处。从此之后，再有上书攻击别人小缺点的，应当以诽谤他人的罪行进行处罚。』

评点 『可知者，可用也；不可知者，谋者所不用也。』只要上下相互信任，谗邪者也是无隙可乘的。

魏征为秘书监，有告征谋反者。太宗曰：『魏征，昔吾之雠，只以忠于所事，吾遂拔而用之，何乃妄生谗构？』竟不问征，遽斩所告者。

译文 魏征做秘书监时，有人告他谋反。唐太宗说：『魏征，当初是我的仇敌，只因为他忠心于自己所事奉的主人，我才提拔任用了他，为什么凭空进行罗织陷害？』最终没有追问魏征，于是就把告发的人杀掉了。

评点 唐太宗对魏征的信任是经过实践检验的，所以才如此坚定。

贞观十六年，太宗谓谏议大夫褚遂良曰：『卿知起居，比来记我行事善恶？』遂良曰：『史官之设，君举必书。善既必书，过亦无隐。』太宗曰：『朕今勤行三事，亦望史官不书吾恶。一则鉴前代成败事，以为元龟；二则进用善人，共成政道；三则斥弃群小，不听谗言。吾能守之，终不转也。』

译文 贞观十六年（642年），唐太宗对谏议大夫褚遂良说：『你负责记录我的起居，近来记录我所做的事情的善恶了吗？』褚遂良说：『设立史官，君主的一举一动都要记下来。善行既然要记录下来，过错当然也不会隐藏。』唐太宗说：『我近来力行三件事，也是希望史官不会记录下我的恶行。一是考察前代成败的经验教训，作为戒鉴；二是选拔任用有善德善行的人，与他们一起实现国家治理的方略；三是斥退小人，不听信谗言。我会坚持这样做，始终不改变。』

评点 对于唐太宗的自我标榜，唐仲友评论说：『唐太宗所说的都是为君之道，但是他说要长久保持而不违背，也是希望史官不记录自己的短处，这就有护短的意图了。隋炀帝攻伐辽东的教训不远就穷兵黩武，任用魏征却在他去世之后拉倒了他的墓碑，知道宇文士及奸佞却听信流言而自我辩解，说长久保持而不违背，未免自夸了。』

悔过第二十四

贞观二年，太宗谓房玄龄曰：『为人大须学问。朕往为群凶未定，东西征讨，躬亲戎事，不暇读书。比来四海安静，身处殿堂，不能自执书卷，使人读而听之。君臣父子，政教之道，共在书内。古人云：「不学，墙面，莅事惟烦①。」不徒言也。却思少小时行事，大觉非也。』

注释 ①不学，墙面，莅事惟烦：出自伪古文《尚书·周官》。

译文 贞观二年（628年），唐太宗对房玄龄说：『做人非常需要学问。我以前因为天下没有平定，东征西讨，亲自参加战事，没有时间读书。近来四海安定，身居殿堂之中，不能自己拿着书卷之时，也要让人读来听。君臣父子之礼，政治教化之道，都在书里。古人说：「不学习，就像面对墙壁，遇到事情的时候就会烦乱。」这不是空话。现在回想年轻时做的事情，感觉做得非常不好。』

评点 俗话说『家中再有，不如一技在手。』在社会上，个人成功固然需要机遇的垂青和他人的帮助、举荐或扶持，但如果自身没有胜过别人的优势，腹中空空，一无所知，一无所长，即使机会再好，也没有能力抓住；别人给予的支持再多，也只能成为一个扶不起的阿斗。

贞观中，太子承乾多不修法度，魏王泰尤以才能为太宗所重，特诏泰移居武德殿。魏征上疏谏曰：『魏王既是陛下爱子，须使知定分，常保安全，每事抑其骄奢，不处嫌疑之地也。今移居此殿，使在东宫之西，海陵①昔居，时人以为不可。虽时移事异，犹恐人之多言。又王之本心，亦不宁息。既能以宠为惧，伏愿成人之美。』太宗曰：『我几不思量，甚大错误。』遂遣泰归于本第。

注释 ①海陵：即李渊的四子李元吉。见前注。

译文 贞观年间，太子李承乾非常不注重礼义法度，魏王李泰因为有才能特别被唐太宗器重，特意下诏让李泰移居武德殿。魏征上书劝谏说：『魏王既然是陛下的爱子，就应当让他知道固定的名分，这样才能长久地保持安全，每件事上都要抑制他的骄纵奢侈，不要让他处于容易产生嫌疑的地方。如今移居到这座殿，让他在东宫之西，这是海陵王当年住的地方，那时候人们就认为他不该住在这里。虽然时间变化事情不同，还是怕别人非议。另外魏王自己的内心，也不会安宁。既然他能因受到宠爱而心怀戒惧，希望陛下能够成全他的美德。』唐太宗说：『我一点没有考虑到，就犯了一个重大的错误。』于是又让李泰回到了自己的府第。

评点 《荀子·修身》中说：对我进行批评的人，如果他批评得正确，就是我的老师；对我进行肯定的人，如果他肯定得恰当，就是我的朋友；那些一味谄媚讨好我的，是我的敌人。所以，君子应当尊敬老师，亲近朋友，还要厌恶那些阿谀奉承之徒。追求好的品德而永不厌倦，接受别人的劝谏并能够引以为戒，这样的人就是不想进步，也是不可能的。

贞观十七年，太宗谓侍臣曰：『人情之至痛者，莫过乎丧亲也。故孔子云：「三年之丧，天下之通丧。①」自天子达于庶人也。又曰：「何必高宗？古之人皆然②。」近代帝王遂行不逮，汉文以日易月之制，甚乖于礼典。朕昨见徐幹《中论·复三年丧》篇，义理甚深，恨不早见此书，所行大疏略，但知自咎自责，追悔何及！』因悲泣久之。

注释 ①三年之丧，天下之通丧：出自《论语·阳货》。②何必高宗？古之人皆然：出自《论语·宪问》。高宗：指商朝君主武丁。

译文 贞观十七年（643年），唐太宗对身边侍从的大臣说：『人的情感中最感到悲痛的，莫过于父母去世。所以孔子说：「三年的丧期，是天下通行的丧礼。」从天子到普通老百姓都是这样。又说：「为何只是高宗武丁？古代的人都是这样。」近代帝王实际实行的丧期达不到这个标准，汉文帝用一天代替一月的制度，很违背礼制规定。我昨天看到徐幹的《中论·复三年丧》篇，里面的道理非常深刻，遗憾自己没有早看到这本书，在父母丧礼上过于简单随意，现在只能自咎自责，追悔莫及！』于是悲伤哭泣了很久。

评点 汉文帝改革丧制，是为了减少浪费，利于生产，是有进步意义的。唐太宗这里拘泥于旧说要重新恢复古代的丧制，未免有开历史的倒车之嫌。

贞观十八年，太宗谓侍臣曰：『夫人臣之对帝王，多承意顺旨，甘言取容。朕今欲闻己过，卿等皆可直言。』散骑常侍刘洎对曰：『陛下每与公卿论事，及有上书者，以其不称旨，或面加诘难，无不惭退，恐非诱进直言之道。』太宗曰：『朕亦悔有此问难，当即改之。』

译文 贞观十八年（644年），唐太宗对身边侍从的大臣说：『臣子对于帝王，大多顺承心意，甜言蜜语获取欢心。我如今想要听听你们谈论我的过错，你们都可以直言不讳。』散骑常侍刘洎回答说：『陛下每次与公卿大臣谈论事情，以及有人上书，因为他们不合心意，有时当面诘问指责，大臣无不羞惭而退，这恐怕不是引导大臣进直言的做法。』

唐太宗说：『我也后悔有这样的追问责难，马上就改。』

评点 人没有一生都不犯错误的，犯了错误就应该努力改正。而经常的情况是，我们自己犯了错误自己却觉察不出，这就需要由别人指出来，虚心接受别人的批评，而不应当对批评者指责诘难。

奢纵第二十五

贞观十一年，侍御史马周上疏陈时政曰：

臣历睹前代，自夏、殷、周及汉氏之有天下，传祚相继，多者八百余年，少者犹四五百年，皆为积德累业，恩结于人心。岂无僻王①？（）！自魏、晋以还，降及周、隋，多者不过五六十年，少者才二三十年而亡。良由创业之君不务广恩化，当时仅能自守，后无遗德可思。故传嗣之主政教少衰，一夫大呼而天下土崩矣。今陛下虽以大功定天下，而积德日浅，固当崇禹、汤、文、武之道，广施德化，使恩有余地，为子孙立万代之基。岂欲但令政教无失，以持当年而已！且自古明王圣主虽因人设教，宽猛随时，而大要以节俭于身、恩加于人二者是务。故其下爱之如父母，仰之如日月，敬之如神明，畏之如雷霆。此其所以卜祚遐长②而祸乱不作也。今百姓承丧乱之后，比于隋时才十分之一，而供官徭役，道路相继，

兄去弟还，首尾不绝。远者往来五六千里，春秋冬夏，略无休时。陛下虽每有恩诏，令其减省，而有司作既不废，自然须人，徒行文书，役之如故。臣每访问，四五年来，百姓颇有怨嗟之言，以陛下不存养之。昔唐尧茅茨土阶，夏禹恶衣菲食③。如此之事，臣知不复可行于今。汉文帝惜百金之费，辍露台之役，集上书囊以为殿帷，所幸夫人衣不曳地。至景帝以锦绣綦组④妨害女工，特诏除之，所以百姓安乐。至孝武帝，虽穷奢极侈，而承文、景遗德，故人心不动。向使高祖之后即有武帝，天下必不能全。此于时代差近，事迹可见。今京师及益州诸处营造供奉器物，并诸王妃主服饰，议者皆不以为俭。臣闻昧旦丕显⑤，后世犹怠，作法于理，其弊犹乱。陛下少处民间，知百姓辛苦，前代成败，目所亲见，尚犹如此，而皇太子生长深宫，不更外事，即万岁⑥之后，固圣虑所当忧也。

臣窃寻往代以来成败之事，但有黎庶怨叛，聚为盗贼，其国无不即灭，人主虽欲改悔，未有重能安全者。凡修政教，当修之于可修之时，若事变一起，而后悔之，则无益也。故人主每见前代之亡，则知其政教之所由丧，而皆不知其身之有失。是以殷纣笑夏桀之亡，而幽、厉亦笑殷纣

之灭。隋帝大业之初，又笑周、齐之失国，然今之视炀帝，亦犹炀帝之视周、齐也。故京房谓汉元帝云：『臣恐后之视今，亦犹今之视古。』此言不可不戒也。

往者贞观之初，率土霜俭⑦，一匹绢才得粟一斗，而天下帖然⑧。百姓知陛下甚忧怜之，故人人自安，曾无谤讟。自五六年来，频岁丰稔，一匹绢得十余石粟，而百姓皆以陛下不忧怜之，咸有怨言。又今所营为者，颇多不急之务故也。自古以来，国之兴亡不由蓄积多少，惟在百姓苦乐。且以近事验之，隋家贮洛口仓，而李密因之；东京积布帛，王世充据之；西京府库亦为国家之用，至今未尽。向使洛口、东都无粟帛，即世充、李密未必能聚大众。但贮积者固是国之常事，要当人有余力而后收之。若人劳而强敛之，竟以资寇，积之无益也。然俭以息人，贞观之初，陛下已躬为之，故今行之不难也。为之一日，则天下知之，式⑨歌且舞矣。若人既劳矣，而用之不息，倘中国被水旱之灾，边方有风尘⑩之警，狂狡⑪因之窃发，则有不可测之事，非徒圣躬旰食晏寝而已。若以陛下之圣明，诚欲励精为政，不烦远求上古之术，但及贞观之初，则天下幸甚。

太宗曰：『近令造小随身器物，不意百姓遂有嗟怨，此则朕之过误。』乃命停之。

注释

①僻王：邪僻不正的君主。②遐长：久长，久远。③恶衣菲食：粗劣的衣食。菲：薄。④綦组：杂色丝带。⑤昧旦：天破晓时。破晓时就起来处理政务，比喻勤政。丕显：英明。⑥万岁：君主去世的讳称。⑦霜俭：严霜使庄稼歉收。⑧帖然：安定的样子。⑨式：句首助词，无实义。⑩风尘：战乱，战争。⑪狂狡：狂妄狡诈之徒，常代指叛乱者。

译文

贞观十一年（637年），侍御史马周上书陈奏时政得失，说：

我遍观前代，从夏、商、周一直到汉代取得天下，帝位一代代传承，多的八百多年，少的也有四五百年，都是因为积累德行和功业，用恩惠来联结人心。难道就没有邪僻不正的君主吗？他们只不过是依赖前代圣王的遗泽而幸免罢了！从魏、晋以来，一直到北周、隋朝，统治时间多的不过五六十年，少的才二三十年就灭亡了。真正的原因是因为创业的君主不追求广施恩德与教化，在位的时候只能勉强自守，而后人对他们没有可以怀念的遗留恩德。所以继承帝位的君主政治教化措施稍有消弱，一个人带头大呼那么天下就土崩瓦解了。如今陛下虽然以大功平定了天下，但德行积累的时间还很短，所以一定要尊崇夏禹、商汤、周文王、周武王之道，广施德化，使恩德有余，作为子孙万代统治的根基。难道只是追求政治教化没有失误，来保持自己在位时稳定而已吗！况且自古以来圣明的帝王君主虽然根据人情进行教化，刑政措施的宽严根据时代变化，但他们所努力做到的大致都是自身节俭、施恩于人这两件事。所以他们的臣民爱他们如同爱自己的父母一样，敬仰他们如同敬仰日月一样，尊敬他们如同尊敬神明一样，畏惧他们如同畏惧雷霆一样。因此他们能够使国祚绵长而灾祸不发生。

如今百姓刚刚经过了社会混乱，人口和隋朝比起来只有十分之一，但给官府运送物资和服徭役的人，道路上源源不断，哥哥刚走弟弟又来，首尾相连。远的来回五六千里，春夏秋冬，得不到休息。陛下虽然经常有一些充满恩德的诏书，让他们减少征发，但有关部门的事务不停，自然需要人来完成，空发文书，劳役征发如故。我经常调查此事，四五年以来，老百姓很有怨愤和叹息之言，因为陛下对他们不体恤抚养。当初唐尧茅草屋土台阶，夏禹穿粗衣吃淡饭。这样的事情，我知道在当今不能够再实行。汉武帝爱惜百两黄金的花费，停止了建造露台的劳役，收集臣下上书的袋子作为宫殿的帷幕，所宠爱的夫人衣裙长度拖不到地。到了汉景帝因为织锦刺绣、杂色丝带耗费女子的劳动，特意下诏革除，所以百姓安乐。到了汉武帝，虽然非常奢侈浪费，但承受了文帝、景帝遗留下来的恩德，所以人心没有浮动。假设当初汉高祖之后就是汉武帝，天下必然不能保全。这些事情和现在时间较近，流传下来的事迹都还很清楚。如今京城及益州等地的修建营造、物资供应，以及诸位亲王、王妃、公主的衣服首饰，谈论的人都认为不节俭。我认为开国的君主勤政英明，后世仍会懈怠，制定的法律符合道理，产生的流弊依然会导致混乱。陛下年轻的时候生活在民间，了解百姓的辛苦，前代的成败，自己亲眼所见，尚且还这样做，而皇太子生长在深宫之中，没有经历过外面的事情，等陛下去世之后，却是是您应该感到忧虑的。

我考察古代以来的成败之事，只要老百姓产生怨恨离叛，聚集起来成为盗贼，国家没有不很快灭亡的，君主虽然想悔改，没有能够再实行安定和社稷保全的。修行政治教化，应当在能够修行的时候修行，如果事情一旦发生变化，再后悔，就没有用处了。所以君主经常看到前代的灭亡，就知道前代政治教化产生混乱的原因，而都不知道自己有过失。所以商纣讥笑夏桀亡国，而周幽王、周厉王也讥笑商纣灭亡。隋朝大业初年，隋炀帝又讥笑北周和北齐亡国，然而今天

看隋炀帝，也像隋炀帝看北周、北齐一样。所以京房对汉元帝说：『我恐怕后人看我们今天，就像今天看古人一样。』这话不能不警惕啊。

当初贞观初年之时，全国庄稼因严霜而歉收，一匹绢才能换一斗粮食，但天下安定。老百姓都知道陛下对他们很忧心怜悯，所以人人都能够自己安定，没有诽谤和怨言。从贞观五六年之后，每年收成都很好，一匹绢能换十多石小米，但老百姓都认为陛下对他们不忧心怜悯，所以都有怨言。另外还由于如今所兴办的，很多都不是急需办理的事务的缘故。自古以来，国家的兴盛和灭亡不取决于积蓄的多少，只在于老百姓感觉痛苦还是欢乐。可用近代的事情来验证这个道理，隋朝将粮食积储在洛口仓，而被李密接收了；将布帛积储在东都洛阳，而被王世充占有了；西京长安的官府仓库储备也被我朝所用，到如今还没有用完。当初如果使洛口、东都没有粮食布帛，那么李密、王世充未必能够聚集起那么多人。虽然储备固然是国家必要的事情，但关键是应当在人民有余力然后再征收。如果人民劳顿而强行收取，最终只能留给盗贼，积累也没有用处。然而用节俭的方式使人民安定，贞观初年时，陛下已经亲自这样做过，所以如今再推行也不难。实行一日，那么天下人知道了，就会载歌载舞。如果人民已经很劳顿了，还驱使他们不知休止，如果国家蒙受了水旱灾害，边境上有战争的紧急情况，心怀叛逆者趁机悄悄举事，就会有意想不到的事情发生，这不仅仅靠陛下废寝忘食就可以了。如果以陛下的圣明，真心想励精图治，不用远求上古时期的治国之道，只要像贞观初年一样，那么天下人就很幸运了。

评点

唐太宗说：『近来下令制造小小的随身器物，没想到百姓就产生了叹息怨恨，这是我的过错啊。』于是下令停止制造。《周易》强调：『否极泰来。』即『物极必反』。在物质享受上也是一样，不明白这种事理的人，都不

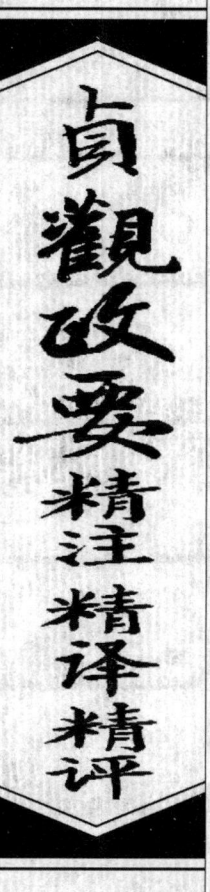

会有好结果。相反，一个人只有控制住自己的欲望，才能不为眼前的小利所动，保持内心的清醒和安定，把精力放在更大更重要的事情上。

贪鄙第二十六

贞观初，太宗谓侍臣曰：『人有明珠，莫不贵重。若以弹雀，岂非可惜？况人之性命甚于明珠，见金钱财帛不惧刑网，径即受纳，乃是不惜性命。明珠是身外之物，尚不可弹雀，何况性命之重，乃以博①财物耶？群臣若能备尽忠直，益国利人，则官爵立至。皆不能以此道求荣，遂妄受财物，赃贿既露，其身亦殒，实可为笑。帝王亦然。恣情放逸，劳役无度，信任群小，疏远忠正，有一于此，岂不灭亡？隋炀帝奢侈自贤，身死匹夫之手，亦为可笑。』

注释 ①博：换取。

译文 贞观初年，唐太宗对身边侍从的大臣说：『人拥有一颗明珠，无不觉得贵重。如果用它当弹子打鸟雀，难道不可惜吗？何况人的性命比明珠更贵重，看到金钱财帛不惧怕法律惩罚，马上就接受，乃是不爱惜性命。明珠是身外之物，尚且不能用来打鸟雀，何况性命如此贵重，还用它来换取财物吗？群臣如果能够完全做到忠诚正直，有益国家有利人民，那么官爵马上随之而至。可是人们都不能用这条道路来求取荣华富贵，于是就乱收财物，贪赃受贿一旦败露，自己也会身败名裂，实在可笑。帝王也是这样。任性放纵，劳役没有休止，信任小人，疏远忠诚正直之人，做到其中一条，难道可能不灭亡吗？隋炀帝奢侈无度自高自大，自己被普通人所杀，也很可笑。』

评点 历史经验表明，放纵自己的欲望，是没有好下场的。所以孟子说：修心养性最好的办法就是减少物质欲望。欲望不多，即使善性有所丧失，那失去的也不会太多；欲望过多，即使善性有所保留，那保留下来的也会极少。古人说，生于忧患死于安乐。一个统治者如果沉湎于声色犬马，便会祸国殃民，一个普通人如果贪图吃喝玩乐，迷恋安逸的生活，此人也必将一事无成。

贞观二年，太宗谓侍臣曰：『朕尝谓贪人不解爱财也。至如内外官五品以上，禄秩①优厚，一年所得，其数自多。若受人财贿，不过数万。一朝彰露，禄秩削夺，此岂是解爱财物？规②小得而大失者也。昔公仪休性嗜鱼，而不受人鱼，其鱼长存。且为主贪，必丧其国；为臣贪，必亡其身。《诗》云：「大风有隧，贪人败类③。」固非谬言也。昔秦惠王欲伐蜀，不知其径，乃刻五石牛，置金其后，蜀人见之，以为牛能便金。蜀王使五丁力士拖牛入蜀，道成。秦师随而伐之，蜀国遂亡。汉大司农田延年赃贿三千万，事觉自死。如此之流，何可胜记！朕今以蜀王为元龟，卿等亦须以延年为覆辙也。』

注释 ①禄秩：官员的俸禄。②规：谋求。③大风有隧，贪人败类：出自《诗经·小雅·桑柔》。隧：道路。败类：毁害族类。

译文 贞观二年（628年），唐太宗对身边侍从的大臣说：『我曾经说贪婪的人不知道爱惜财物。至于像内外官员达到五品以上的，俸禄优厚，一年的收入，数量已经很多。如果接受别人的贿赂，数量不过几万。一旦暴露，俸禄被削减或剥夺，这难道是知道爱惜财物吗？这是谋求小利益而失去大利益。从前公仪休喜欢吃鱼，但不接受别人送给他的鱼，所以他能长久有鱼吃。况且作为君主的贪婪，一定会失去他的国家；作为臣子的贪婪，一定会失去他的性命。《诗经》中说：「大风有路径，贪人毁族类。」的确不是假话啊。当初秦惠王打算攻打蜀地，不知道道路，于是雕刻了五只石牛，把金子放在牛的后面，蜀人看到了，以为石牛能够屙金子。蜀王派五名力士将牛拖到蜀国，这样道路就出来了。秦国军队随后攻打，蜀国于是灭亡。汉朝大司农田延年受贿三千万，事情败露自杀而死。像这样的人和事，怎么能够记得过来！我如今以蜀王为戒鉴，你们也应当以田延年为前车之鉴。』

评点 唐代柳宗元写过一篇名为《蝜蝂传》的寓言故事。蝜蝂是一种喜欢背东西的小虫。它在路上爬行时，遇到东西就拿起来，昂着头背起它。蝜蝂的背部很粗糙，东西积累很多也不会散落。它总是不停地拾东西往自己的背上放，不管压得自己多难受也不停止，一直到压得倒在地上，爬不起来。有的人遇到这种情况，出于怜悯，帮它拿掉背上的东西。但是它一旦能够走动，又会像原来一样继续往自己的背上加东西。这种虫子还喜欢往高处爬，不到力气用尽决不停止，直到最后从高处落地而死。柳宗元说：世上嗜好掠取的人，遇到财物从不回避，拿来增加自己的家产，不考虑是否会成为自己的负担，惟恐钱财积累不够。等到疲倦摔跟头时或被贬斥抛弃后，就会萎靡不振。而一旦能够翻身，又天天想着爬上更高的位置，得到更多的俸禄，贪念更加滋生。即使接近于危机和崩溃，看到以前有人因此而丧命，也不知道有所警戒。虽然他们的身形高大，他们的名称是人，但是智慧却并不比这种小虫子高明啊！

贞观四年，太宗谓公卿曰：『朕终日孜孜，非但忧怜百姓，亦欲使卿等长守富贵。天非不高，地非不厚，朕常兢兢业业，以畏天地。卿等若能小心奉法，常如朕畏天地，非但百姓安宁，自身常得欢乐。古人云：「贤者多财损其志，愚者多财生其过。」此言可为深诫。若徇私贪浊，非止坏公法，损百姓，纵事未发闻，中心岂不常惧？恐惧既多，亦有因而致死。大丈夫岂得苟贪财物，以害及身命，使子孙每怀愧耻耶？卿等宜深思此言。』

译文 贞观四年（630年），唐太宗对公卿们说：『我每天孜孜不倦，不仅是忧虑怜悯百姓，也是想让你们能够长久保持富贵。天不是不高，地不是不厚，我一直兢兢业业，以表达对天地的敬畏。你们如果能够小心遵守法律，始终像我敬畏天地一样，不但百姓安宁，你们自己也能够长久得到欢乐。古人说：「贤明的人财物太多损伤志向，愚蠢的人财物过多产生过错。」这句话可以作为深刻的警诫。如果为了私情贪污，不只是破坏国家的法律，损害老百姓，即使事情没有败露，心中难道不经常恐惧？恐惧太多，也有因此导致丧命的。大丈夫哪能够随便地贪恋财物，以至于危害自己的身家性命，让子孙心中经常觉得羞愧耻辱呢？你们应当好好考虑考虑这些话。』

评点 《管子》中说，一概听任于物而能掌握物的变化称为『神』，一概听任于事而能掌握事的变化称为『智』。能够掌握物的变化而自己的气不变，掌握事的变化而自己的智不变，这是只有坚持专一的君子才能做到的。人的力量是有限的，有时需要借助于外物，一个人只有做到善于利用外物而不受外物所役使，才算真正明智的人。

贞观六年，右卫将军陈万福自九成宫赴京，违法取驿家麸数石。太宗赐其麸，令自负出以耻之。

译文 贞观六年（632年），右卫将军陈万福从九成宫回京城，违法从驿站拿走了几石麸皮。唐太宗赐给他麸皮，并令他自己背出去以使他感到羞耻。

评点 『羞耻之心，人皆有之。』唐太宗此举，既对违法盗取公物的人以惩戒，以促其自我反省，又表明了自己的宽仁，只为达到使对方内心羞愧的目的而不加罪，可谓一举两得。

贞观十年，治书侍御史权万纪上言：『宣、饶二州诸山大有银坑，采之极是利益，每岁可得钱数百万贯。』太宗曰：『朕贵为天子，是事无所少之。惟须纳嘉言，进善事，有益于百姓者。且国家剩得数百万贯钱，何如得一有才行人？不见卿推贤进善之事，又不能按举不法，震肃①权豪，惟道税鬻②银坑以为利益。昔尧、舜抵璧③于山林，投珠于渊谷，由是崇名美号，见称千载。后汉桓、灵二帝好利贱义，为近代庸暗之主。卿遂欲将我比桓、灵耶？』是日敕放令万纪还第。

注释 ①震肃：因震慑而整肃。②税鬻：租和卖。③抵璧：掷璧。

译文 贞观十年（636年），治书侍御史权万纪进言说：『宣州和饶州的大山中有很多产银的矿坑，如果开采能够得到很大利益，每年可以获得几百万贯钱的收入。』唐太宗说：『我贵为天子，这些东西一点也不缺少。只需要采纳善言，接受善事，以有利于老百姓。况且国家剩下几百万贯钱，怎么比得上得到一个有才能德行的人？我没有看到你做推举贤士引荐善人之类的事，又不能够检举违法乱纪之人，震慑整肃权贵豪强，只说租卖产银的矿坑来获得利益。从前尧、舜掷璧于山林，投珠于深谷，因此美名赞誉，几千年来被人称颂。后世的汉桓帝、汉灵帝追求利益轻贱仁义，是近世昏庸暗昧的君主。你打算把我比作汉桓帝、汉灵帝吗？』当天敕令权万纪罢官回家。

评点 『民为邦本，本固邦宁。』前有秦始皇，后有隋炀帝，唐太宗怎么会接受权万纪的建议而聚敛财富危害百姓呢？

贞观十六年，太宗谓侍臣曰：『古人云：「鸟栖于林，犹恐其不高，复巢于木末；鱼藏于水，犹恐其不深，复穴于窟下。然而为人所获者，皆由贪饵故也。」今人臣受任，居高位，食厚禄，当须履忠正，蹈公清，则无灾害，长守富贵矣。古人云：「祸福无门，惟人所召①。」然陷其身者，皆为贪

冒②财利，与夫鱼鸟何以异哉？卿等宜思此语为鉴诫。」

【注释】①祸福无门，惟人所召：出自《左传·襄公二十三年》。无门：没有定数。②贪冒：贪得，贪财图利。

【译文】贞观十六年（642年），唐太宗对身边侍从的大臣说：「古人说：『鸟栖息于树林，还唯恐树木不高，又把巢筑在树梢；鱼潜藏于水中，还唯恐水不深，又穴居于水底的洞窟之中。然而它们还是被人所捕获，都是由于贪恋诱饵的缘故。』如今大臣接受任命，身居高位，享受厚禄，应当履行忠诚正直，践行公正清廉，那么就不会有灾难祸患，永久保持富贵。古人说：『祸福没有定数，只是人所自取。』然而让他们自身堕落的，都是因为贪财图利，同鱼和鸟有什么不同呢？你们应当深思此语并作为戒鉴。」

【评点】俗话说，『人为财死，鸟为食亡』，汲汲于名利，可能是人的通病，所以一些人为了得到虚名和浮利，可以不择手段。但是，不论求名还是求利，都有一个界限问题，因此老子说：『过分追求名声必定要付出惨重的代价，过分积聚钱财必定会招来重大损失。』『知道自我满足就不会受到屈辱，知道适可而止就不会遭遇危险。』说的都是这个道理。

崇儒学第二十七

太宗初践阼①，即于正殿之左置弘文馆，精选天下文儒②，令以本官兼署学士，给以五品珍膳，更日宿直③，以听朝之隙引入内殿，讨论坟典，商略政事，或至夜分乃罢。又诏勋贤三品以上子孙为弘文学生。

【注释】①践阼：原意为走上阼阶主位，代指天子即位，登基。古代庙寝堂前两阶，主阶在东，称阼阶，阼阶上为主位。如《礼记·曲礼下》中有：「践阼，临祭祀。」孔颖达疏曰：「践，履也；阼，主人阶也。天子祭祀升阼阶……履主阶行事，故云践阼也。」②文儒：指儒者中从事撰述的人。出自王充《论衡·书解》：「著作者为文儒，说经者为世儒。」也泛指儒家学者，儒生。③宿直：夜间当值。

【译文】唐太宗刚刚即位时，就在正殿的左侧设置弘文馆，精选天下有学问的儒家学者，让他们在原有官职之外兼任学士，给予五品以上官员才能享用的好饮食，按日期轮流夜间值班，在听朝的间隙将他们召进内宫，讨论古代典籍，商量国家大事，有时到半夜才结束。又下令三品以上有功勋贤臣的子孙为弘文学生。

【评点】宋代真德秀曾经评价说：「后世人主之好学者，莫如唐太宗。」正是因为唐太宗明白自己的不足，不是自高自大，才能有勇于纳谏等优良品质，从而使他执政时期成为「贞观之治」。

贞观二年，诏停周公为先圣，始立孔子庙堂于国学，稽式旧典，以仲尼为先圣，颜子为先师，两边俎豆干戚①之容，始备于兹矣。是岁大收天下儒士，赐帛给传②，令诣京师，擢以不次③，布在廊庙者甚众。学生通一大经④以上，咸得署吏。国学增筑学舍四百余间，国子、太学、四门、广文亦增置生员，其书、算各置博士、学生，以备众艺。太宗又数幸国学，令祭酒、司业、博士讲论，毕，各赐以束帛。四方儒生负书而至者，盖以千数。俄而吐蕃及高昌、高丽、新罗等诸夷酋长，亦遣子弟请入于学。于是国学之内，鼓箧⑤升讲筵者，几至万人，儒学之兴，古昔未有也。

注释

①俎豆：俎和豆，古代祭祀、宴飨时盛食物用的两种礼器，泛指各种礼器。干戚：盾与斧，古代的两种兵器，也作为武舞所执的舞具。②给传：朝廷给予驿站车马。③不次：不以正常次序，即破格。④大经：唐宋时国子监教课及进士考试经书，按经文长短，分大、中、小三级。唐代以《礼记》、《春秋左氏传》为大经；宋代以《诗经》、《礼记》、《周礼》、《春秋左传》为大经。⑤鼓箧：击鼓开箧，古时入学的一种仪式。如《礼记·学记》有：『入学鼓箧，孙其业也。』郑玄注曰：『鼓箧，击鼓警众，乃发箧出所治经业也。』

译文

贞观二年（628年），下诏停止以周公为先圣，开始在国家设立的学校中设立孔子庙堂，取法古代的典章，以孔子为先圣，颜回为先师，两边的俎豆干戚等祭祀器具，也在此时开始完备。这年又广泛搜寻天下的儒士，赐给布帛给予车马，让他们到京城，破格授予官职，在朝廷做官的很多。学生通晓一门大经以上的，都能够录用为官吏。国家的官学增修房舍四百多间，国子监、太学、四门学、广文馆都增加了学生的数量，书学、算学都各自设置博士和学生。以使各种技艺都齐备。唐太宗又多次到国学中视察，让祭酒、博士、司业等人讲授讨论，结束之后，分别赐予一束帛。四方的儒生背着书而来的，数以千计。不久吐蕃以及高昌、高丽、新罗等各民族的首领，也派来子弟请求进入学校学习。因此国学之内，击鼓开箧登上讲坛的，几乎达到万人，儒学的兴盛，前所未有。

评点

『夫太学者，礼义之宫，教化所由兴也。』（《后汉书》卷三十三，《朱浮传》）『学校为育材首善之地，教化所从出。』（《续资治通鉴》卷七十九）学校在国家治理中的作用是巨大的，它不但起到直接教化受教育者的作用，而且它还在培养着教化的实施者，因此受到历代明智的统治者的重视。

贞观十四年诏曰：『梁皇侃、褚仲都，周熊安生、沈重，陈沈文阿、周弘正、张讥，隋何妥、刘炫，并前代名儒，经术可纪，加以所在①学徒，多行其讲疏，宜加优赏，以劝后生，可访其子孙见在者，录姓名奏闻。』二十一年诏曰：『左丘明、卜子夏、公羊高、谷梁赤、伏胜、高堂生、戴圣、毛苌、孔安国、刘向、郑众、杜子春、马融、卢植、郑玄、服虔、何休、王肃、王弼、杜预、范宁等二十有一人，并用其书，垂于国胄②，既行其道，理合褒崇。自今有事③于太学，可并配享尼父庙堂④。』其尊儒重道如此。

注释

①所在：各处。②国胄：帝王和贵族的子弟。③有事：这里指祭祀。④配享：合祭，祔祀，指孔子弟子或历代名儒祔祀于孔庙。享，通『飨』。尼父：对孔子的尊称。

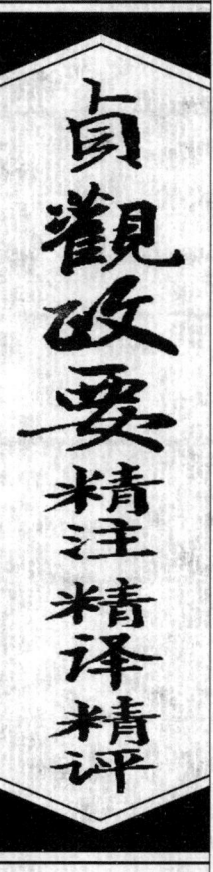

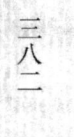

译文

贞观十四年（640年）唐太宗下诏说：『南梁的皇侃、褚仲都，北周的熊安生、沈重，南陈的沈文阿、周弘正、张讥，隋朝的何妥、刘炫，都是前代有名的儒士，经学方面可以取法，再加上各处学校中的学生，大多采用他们的讲义和注释，应当对他们特别赏赐，以激励以后的读书人，可以寻访他们的子孙中仍然在世者，记下姓名加以上奏。』贞观二十一年（647年）又下诏说：『左丘明、卜子夏、公羊高、谷梁赤、伏胜、高堂生、戴圣、毛长、孔安国、刘向、郑众、杜子春、马融、卢植、郑玄、服虔、何休、王肃、王弼、杜预、范宁等二十一人，现在都在用他们的书籍，传授给国中的子弟，既然推行他们的思想，理应进行褒奖尊崇。从今以后在太学中祭祀时，可以让他们在孔子庙堂中配享。』唐太宗尊崇儒学重视儒家思想达到如此的程度。

评点

褒奖、配享等制度，都是为了激励人们努力读书、学习，以留名青史，同时也用来表明统治者对儒学的重视。

贞观二年，太宗谓侍臣曰：『为政之要，惟在得人。用非其才，必难致治。今所任用，必须以德行、学识为本。』谏议大夫王珪曰：『人臣若无学业，不能识前言往行，岂堪大任？汉昭帝时，有人诈称卫太子①，聚观者数万人，众皆致惑。隽不疑断以蒯聩之事②。昭帝曰：「公卿大臣，当用经术明于古义者，此则固非刀笔俗吏所可比拟。」』上曰：『信如卿言。』

注释

①卫太子：汉武帝的儿子刘据。详见前注。②蒯聩之事：蒯聩为春秋时卫灵公之子，因得罪卫灵公而出逃。后灵公去世蒯聩想要回国继承君位，卫人因其获罪于灵公而不纳。

译文

贞观二年（628年），唐太宗对身边侍从的大臣说：『治理国家的关键，在于得到人才。任用的不是称职的人才，一定难以实现国家的安定。如今任用官员，一定要以德行、学识为根本。』谏议大夫王珪说：『大臣如果没有学识，不了解前人的言论以往的事迹，怎么能够担当大任？汉昭帝时，有人假称自己是卫太子刘据，围观的人达到几万，众人都被他迷惑。隽不疑以春秋时卫国公子蒯聩的事情作为例子来处理。汉昭帝说：「公卿大臣，应当任用通晓经学并明白古代大义的人，这的确不是只能舞文弄墨的一般官吏所能比拟的。」』皇上说：『的确像你说的。』

评点

善于向历史学习经验，并不意味着可以把前人的说教当作教条，对于前人留下来的原则和理论，必须能够结合当前的情况做具体的分析和运用。

贞观四年，太宗以经籍去圣久远，文字讹谬，诏前中书侍郎颜师古于秘书省考定五经。及功毕，复诏尚书左仆射房玄龄集诸儒重加详议。时诸儒传习师说，舛谬①已久，皆共非之，异端蜂起。而师古辄引晋、宋以来古本，随方②晓答，援据详明，皆出其意表③，诸儒莫不叹服。太宗称善者久之，赐帛五百匹，加授通直散骑常侍，颁其所定书于天下，令学者习焉。太宗又以文学④多门，章句⑤繁杂，诏师古与国子祭酒孔颖达等诸儒，撰定五经疏义⑥，凡一百八十卷，名曰《五经正义》，付国学施行。

【注释】①舛谬：差错，错误。②随方：依据情势，根据问题。③意表：意料之外。④文学：这里指儒家学说。⑤章句：剖章析句，经学家解说经义的一种方式，泛指书籍注释。⑥疏义：对文义进行疏通和阐发。

【译文】贞观四年（630年），唐太宗因为经籍离圣人的年代久远，文字错讹，下诏命前中书侍郎颜师古于秘书省考核审定五经。完成之后，又下诏命尚书左仆射房玄龄召集诸位儒士重新加以详细讨论。当时各位儒士都是传授和讲习自己老师的学说，差错由来已久，都对颜师古的考定进行否定，各种异说蜂拥而起。而颜师古引用晋、宋以来的古本，根据提出的问题明白地进行了解答，援引的论据详细明确，都出乎他们意料之外，各位儒士莫不惊叹折服。太宗称赞了他很长时间，赐给他五百匹绢帛，又授予他通直散骑常侍，将他所审定的书籍颁布于天下，让学生们学习。唐太宗又因为儒家学说出自多条不同途径，经籍的注释繁多而杂乱，下诏命颜师古和国子祭酒孔颖达等儒士，撰写编定五经疏义，共一百八十卷，命名为《五经正义》，交给国家的官学使用。

【评点】组织学者编纂经学教材，一直是国家重要的教化职责之一。

太宗尝谓中书令岑文本曰：『夫人虽禀定性，必须博学以成其道，亦犹蜃①性含水，待月光而水垂；木性怀火，待燧动而焰发；人性含灵，待学成而为美。是以苏秦刺股②，董生垂帷③。不勤道艺，则其名不立。』文本对曰：『夫人性相近，情则迁移，必须以学饬情，以成其性。《礼》云：「玉不琢不成器，人不学不知道④。」所以古人勤于学问，谓之懿德⑤。』

【注释】①蜃：大蛤。古人认为蜃遇到月光就会吐水。②苏秦刺股：《战国策·秦策一》记载：『（苏秦）读书欲睡，引锥自刺其股。』③董生：即西汉儒家学者董仲舒。垂帷：放下室内悬挂的帷幕，专心读书学习。《汉书·董仲舒传》记载：『（董仲舒）少治《春秋》，孝景时为博士。下帷讲诵，弟子传以久次相授业，或莫见其面。盖三年不窥园，其精如此。』④玉不琢不成器，人不学不知道：出自《礼记·学记》。⑤懿德：美德。

【译文】唐太宗曾经对中书令岑文本说：『人所禀受的天赋之性虽然是确定的，但一定要通过广泛的学习才能够成就道德和技能，就好像蜃的本性中含水，但要等到有月光水才能流出来；木的本性包含着火，但要等钻动火焰才能产生；人的本性中包含着灵气，但要通过学习才能够成就美德。所以苏秦刺股，董仲舒垂下帷幕。在道德技艺上不勤奋，那么名声就不能确立。』岑文本回答说：『人的本性相近，情欲却可以转变，一定要通过学习来约束情欲，来成就天性。《礼记》中说：「玉不经过雕琢不能成器物，人不通过学习不明白道理。」所以古人在学问上非常勤奋，并将此称为美德。』

【评点】荀子曾经说过：『积土成山，风雨兴焉；积水成渊，蛟龙生焉；积善成德，而神明自得，圣心备焉。故不积跬步，无以致千里；不积小流，无以成江海。』他又认为，学习需要努力钻研，为学者只要认明学习的目的，不懈努力，最终一定会有所成就。孔子也认为，即使像巫事这样简单的事，如果没有恒心，也学不会。无论做事情，还是修学问，如果没有毅力，终归不会有好的结果。

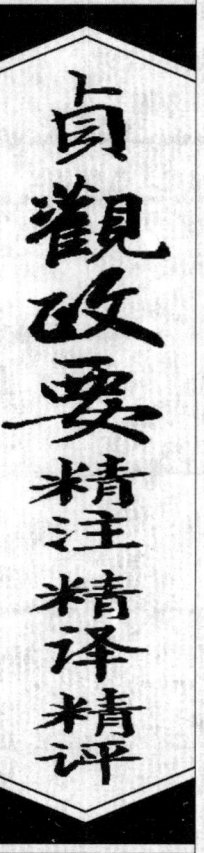

文史第二十八

贞观初，太宗谓监修国史房玄龄曰：『比见前、后《汉史》载录扬雄《甘泉》、《羽猎》，司马相如《子虚》、《上林》，班固《两都》等赋，此既文体浮华，无益劝诫，何假书之史策？其有上书论事，词理切直，可裨于政理者，朕从与不从皆须备载。』

译文 贞观初年，唐太宗对监修国史房玄龄说：『近来看到西汉和东汉的史书中载录有扬雄的《甘泉》、《羽猎》，司马相如的《子虚》、《上林》，班固的《两都》等赋，这些作品文体浮华，对于劝诫人无益，为什么还要记载在史书中呢？如果有上书议论政事，言词道理恳切正直，对国家治理有所助益的，不论我同意还是不同意都要完整载录。』

评点 中国古代一向主张学问的外在目的是经国济民，而不是为了卖弄小聪明、小技巧。但扬雄、司马相如等人的辞赋自然也有其意义，一棍子打死的做法也是不太合适的。

贞观十一年，著作佐郎邓隆表请编次①太宗文章为集。太宗谓曰：『朕若制事出令，有益于人者，史则书之，足为不朽。若事不师古，乱政害物，虽有词藻，终贻后代笑，非所须也。只如梁武帝父子及陈后主、隋炀帝，亦大有文集，而所为多不法，宗社皆须臾倾覆。凡人主惟在德行，何必要事文章耶？』竟不许。

注释 ①编次：编辑整理。

译文 贞观十一年（637年），著作佐郎邓隆上表请求编辑整理唐太宗的文章结为文集。唐太宗对他说：『如果我处理政事发布命令，对人民有益的，史书中就会记载下来，足可以不朽。如果做事不师法古道，扰乱政治危害人民，即使有华丽的文辞，最终只会留给后代笑柄，这是不需要的。就像梁武帝父子和陈后主、隋炀帝一样，也有很多文集，但所做的事情大多不符合礼法，国家都很快就灭亡了。君主重要的只是德行，何必要刻意从事文章的创作呢？』最终没有答应。

评点 文章是教化的重要载体。因此唐太宗的这一观点，未免过于片面了。

贞观十三年，褚遂良为谏议大夫，兼知起居注。太宗问曰：『卿比知起居，书何等事？大抵于人君得观见否？朕欲见此注记者，将却观①所为得失以自警戒耳。』遂良曰：『今之起居，古之左、右史，以记人君言行，善恶毕书，庶几人主不为非法，不闻帝王躬自观史。』太宗曰：『朕有不善，卿必记耶？』遂良曰：『臣闻守道不如守官，臣职当载笔，何不书之？』黄门侍郎刘洎进曰：『人君有过失，如日月之蚀，人皆见之。设令遂良不记，天下之人皆记之矣。』

注释 ①却观：回过头看看。却：回转，翻转。

【译文】贞观十三年（639年），褚遂良做谏议大夫，同时负责起居注。唐太宗问他：『你近来负责记录我的起居，都记了些什么事？对于君主来说可以大体拿来看一下吗？我想看一下起居注中的记载的原因，只是打算回过头看看我以前所作所为的得失用以自我警戒罢了。』褚遂良说：『今天记载起居的官职，相当于古代的左史和右史，职责是记载君主的言行，善的和恶的都要记录下来，希望君主不做不符合礼法的事情，没有听说过帝王亲自看关于自己的记载的。』唐太宗说：『我有做的不好的事情，你一定会记下来吗？』褚遂良说：『我听说遵守原则不如遵守职责，我的职责就是持笔记录，什么事情会不记下来呢？』黄门侍郎刘洎进言说：『君主有过失，就像日月有日食和月食一样，人人都看得见。假设褚遂良不记录，天下人也都会记下来的。』

【评点】对于君主来说，权力至高无上，本来就缺乏监督机制。历史和舆论是他们自觉约束自身行为的一种外在力量。如果这些都被帝王所左右，独裁专政、为非作歹恐怕要更加无所忌惮了。

贞观十四年，太宗谓房玄龄曰：『朕每观前代史书，彰善瘅恶①，足为将来规诫。不知自古当代国史，何因不令帝王亲见之？』对曰：『国史既善恶必书，庶几人主不为非法。止应畏有忤旨，故不得见也。』太宗曰：『朕意殊不同古人。今欲自看国史者，盖有善事，固不须论；若有不善，亦欲以为鉴诫，使得自修改耳。卿可撰录进来。』玄龄等遂删略国史为编年体，撰高祖、太宗实录各二十卷，表上之。太宗见六月四日事②，语多微文③，乃

谓玄龄曰：『昔周公诛管、蔡而周室安，季友鸩叔牙而鲁国宁。朕之所为，义同此类，盖所以安社稷，利万民耳。史官执笔，何烦有隐？宜即改削浮词，直书其事。』侍中魏征奏曰：『臣闻人主位居尊极，无所忌惮。惟有国史，用为惩恶劝善，书不以实，后嗣何观？陛下今遣史官正其辞，雅合④至公之道。』

【注释】①彰善瘅恶：表彰美善，憎恨邪恶。瘅：憎恨。②六月四日事：指玄武门兵变这天的事情。③微文：隐寓讽喻的文辞。④雅合：恰好符合，正好相合。

【译文】贞观十四年（640年），唐太宗对房玄龄说：『我每次看到前代的史书，表彰美善憎恨邪恶，足可以作为将来的教训和戒鉴。不知道自古以来当代的国史，为什么不让帝王亲自看？』回答说：『国史既然是善恶都要记载下来，希望君主不做不符合礼法的事情。只因为怕有触犯帝王心意的地方，所以不让他们看。』唐太宗说：『我的心意和古人非常不同。现在之所以想要亲自看看国史，目的在于如果记载有善事，的确不用说；如果有不好的事，想要用来作为鉴戒，让自己能够自我改正和完善。你可以再载录进来。』房玄龄等人于是把国史删节为编年体，撰写唐高祖和唐太宗实录各二十卷，上表呈递上去。唐太宗看到六月四日所做的事情，言辞中有很多隐寓讽喻的文字，于是对房玄龄说：『当初周公杀掉了管叔和蔡叔而周王朝得到了安定，季友毒死了叔牙而鲁国得以安宁。我所做的事情，道理上与此相同，是为了安定国家，有利万民。史官执笔记载，为什么要有所隐瞒呢？应当马上删改虚浮的言辞，直接记录这件事。』侍中魏征上奏说：『我听说君主处于至高无上的位置，没有可以畏惧的事情。只有国史，用来惩罚恶行劝勉善行，记录如果不根据事实，后代人有什么可看的？陛下如今让史官端正国史中的言辞，正好符合至公之道。』

评点 历史是一面镜子，可以映照出每个人的行止，观察每件事的得失。正是由于这个原因，才使得以『不朽』为人生追求的古人自觉约束自身言行，以免给后人留下不好的评论。

礼乐第二十九

太宗初即位，谓侍臣曰：『准《礼》，名，终将讳之。前古帝王，亦不生讳其名，故周文王名昌，周诗云：「克昌厥后①。」春秋时鲁庄公名同，十六年《经》书：「齐侯、宋公同盟于幽。」惟近代诸帝，妄为节制，特令生避其讳，理非通允，宜有改张。』因诏曰：『依《礼》，二名义不偏讳②，尼父达圣，非无前指③。近世以来，曲为节制，两字兼避，废阙已多，率意而行，有违经语。今宜依据礼典，务从简约，仰效先哲，垂法将来，其官号人名，及公私文籍，有「世」及「民」两字不连读，并不须避。』

注释 ①克昌厥后：出自《诗经·周颂·雍》。②二名义不偏讳：出自《礼记·曲礼上》：『二名不偏讳。』孔颖达疏曰：『谓两字作名，不一一讳也。』二名：两个字的名字。③前指：前人的意图。指，同『旨』。

译文 唐太宗刚刚即位时，对身边侍从的大臣说：『根据《礼经》的规定，人的名字，去世之后要避讳。往古时代的帝王，也不在活着的时候就避讳他们的名字，所以周文王名字叫昌，周代的诗歌中说：「克昌厥后。」春秋时鲁庄公的名字叫同，《春秋经》庄公十六年中写道：「齐侯、宋公同盟于幽。」只有近世的诸位帝王，妄加限制，特意下令活着的时候就要避他的名讳，这在道理上讲不通，应当有所变革。』于是下诏说：『根据《礼经》规定，两个字的名字不应当单独避讳其中的一个字，孔子是通达事理的圣人，这样说不是没有古人的意图在里面。近世以来，曲意加以约束限制，两个字都要避讳，废弃和缺失的字过多，这样根据自己的心意行事，与经书上讲的相违背。如今应当根据记载礼制的典籍，本着简约的原则，效法前代圣贤，为后世留下法则，无论官号还是人名，以及公私的文章档案，如果有「世」和「民」两个字但不是连在一起的，不用避讳。』

评点 避讳是中国古代尊卑等级制度的一个重要方面，备受人们重视。但如果避讳过于拘执和极端，则难免给正常的生活和交往带来不便。

贞观二年，中书舍人高季辅上疏曰：『窃见密王元晓等俱是懿亲①，陛下友爱之怀，义高古昔，分以车服，委以藩维，须依礼仪，以副瞻望。比见帝子拜诸叔，诸叔亦即答拜，王爵既同，家人有礼，岂合如此颠倒昭穆②？伏愿一垂训诫，永循彝则③。』太宗乃诏元晓等，不得答吴王恪、魏王泰兄弟拜。

注释 ①懿亲：至亲，特指皇室宗亲。②昭穆：古代宗法制度，宗庙或宗庙中神主的排列次序，始祖居中，以下父子（祖、父）递为昭穆，左为昭，右为穆。这里指辈份次序。③彝则：经常的制度、准则。

译文 贞观二年（628年），中书舍人高季辅上疏说：『我看到密王李元晓等人都是皇室宗亲，陛下对他们心怀友爱，情义超过古代任何一个人，分给他们车马衣服，委任他们为一方诸侯，这些都要依据礼制的规定，以不辜负人们的期望。近来看到您的儿子拜见各位叔叔，各位叔叔也马上回拜，亲王的爵位既然相同，自家的人行礼，怎么能够如此颠倒长幼秩序呢？希望陛下能够有所训示，让后人有可以永远遵循的法则。』唐太宗于是下诏给李元晓等人，不能对吴王李恪、魏王李泰等兄弟进行回拜。

评点 不论是宗教典仪的礼，还是典章制度的礼、道德规范的礼，归根结底都是一定社会秩序的礼，并且为这种社会秩序服务。在中国古代，礼所反映和为之服务的，就是上下尊卑的社会等级秩序。

贞观四年，太宗谓侍臣曰：『比闻京城士庶居父母丧者，乃有信巫书之言，辰日不哭，以此辞于吊问，拘忌辍哀，败俗伤风，极乖人理。宜令州县教导，齐之以礼典。』

译文 贞观四年（630年），唐太宗对身边侍从的大臣说：『近来听说京城中的士民百姓为父母居丧，还有人听信巫书上的话，辰日的时候不哭，以此为理由拒绝吊唁慰问，拘泥于忌讳而停止哀悼，伤风败俗，非常违背做人的道理。应当让各州县加强教导，用礼制的规定来整顿风俗。』

评点 人们重视『礼』，并非只是学习和遵守它的仪文，将其作为约束和禁忌，更重要的是领会其精神实质，发挥它在经邦治国、教化万民中的作用。

贞观五年，太宗谓侍臣曰：『佛道设教，本行善事，岂遣僧尼道士等妄自尊崇，坐受①父母之拜，损害风俗，悖乱礼经？宜即禁断，仍令致拜于父母。』

注释 ①坐受：白白地承受。

译文 贞观五年（631年），唐太宗对身边侍从的大臣说：『佛道实施教化，本来是为了行善事，怎么能够让僧人、尼姑、道士等妄自尊大，白白承受父母之拜，损害风俗，违背扰乱礼义法则？应当马上禁止，仍让他们向父母下拜。』

评点 在国家治理中，儒家思想所确认的那套尊卑等级制度，始终是历代统治者所强调和维护的。

贞观六年，太宗谓尚书左仆射房玄龄曰：『比有山东崔、卢、李、郑四姓，虽累叶陵迟①，犹恃其旧地，好自矜大，称为士大夫。每嫁女他族，必广索聘财，以多为贵，论数定约，同于市贾，甚损风俗，有紊礼经。既轻重失宜，理须改革。』乃诏吏部尚书高士廉、御史大夫韦挺、中书侍郎岑文本、礼部侍郎令狐德棻等，刊正②姓氏，普责天下谱牒③，兼据凭史传，剪其浮华，定其真伪，忠贤者褒进，悖逆者贬黜，撰为《氏族志》。

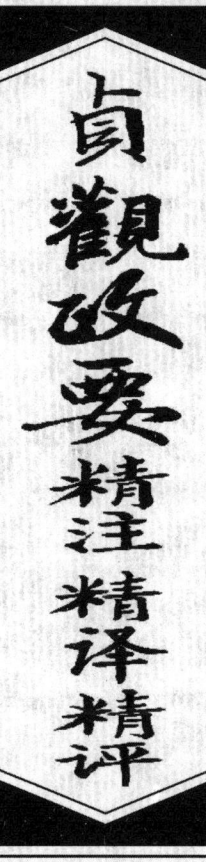

士廉等及进定氏族等第，遂以崔干为第一等。太宗谓曰：『我与山东崔、卢、李、郑，旧既无嫌，为其世代衰微，全无官宦，犹自云士大夫，婚姻之际，则多索财物，或才识庸下，而偃仰④自高，贩鬻松槚⑤，依托富贵，我不解人间何为重之？且士大夫有能立功，爵位崇重，善事君父，忠孝可称，或道义清素⑥，学艺通博，此亦足为门户，可谓天下士大夫。今崔、卢之属，惟矜远叶衣冠，宁比当朝之贵？公卿已下，何暇多输钱物，兼与他气势，向声背实，以得为荣。我今定氏族者，诚欲崇树今朝冠冕⑦，何因崔干犹为第一等，只看卿等不贵我官爵耶？不论数代已前，只取今日官品、人才作等级，宜一量定，用为永则。』遂以崔干为第三等。至十二年，书成，凡百卷，颁天下。又诏曰：『氏族之美，实系于冠冕，婚姻之道，莫先于仁义。自有魏失御，齐氏云亡，市朝既迁，风俗陵替，燕、赵古姓，多失衣冠之绪，齐、韩旧族，或乖礼义之风。名不著于州闾，身未免于贫贱，自号高门之胄，不敦匹嫡⑧之仪，问名⑨惟在于窃赀，结褵必归⑩于富室。乃有新官之辈，丰财之家，慕其祖宗，竞结婚姻，多纳货贿，有如贩鬻。或自贬家门，受辱于姻娅⑪；或矜其旧望，行无礼于舅姑。积习成俗，迄今未已，既紊人伦，实亏名教。朕夙夜兢惕⑫，忧勤政道，往代蠹害，咸已惩革⑬，唯此弊风，未能尽变。自今以后，明加告示，使识嫁娶之序，务合礼典，称朕意焉。』

注释

①累叶：累世，数代。陵迟：逐渐衰败。②刊正：校正。③谱牒：记述氏族或宗族世系的文书。④偃仰：骄傲。⑤松槚：松、槚二树常被栽植墓前，亦作墓地的代称。这里指已经去世的先人。⑥清素：清正廉洁。⑦冠冕：古代帝王、官员所戴的帽子，比喻仕宦或仕宦之家。⑧匹嫡：指缔结婚姻。⑨问名：婚礼中六礼之一，男家具书托媒请问女子的名字和出生的年月日，女家复书具告。⑩结褵：古代嫁女的一种仪式，女子临嫁，母为之系结佩巾，以示至男家后奉事舅姑，操持家务。归：女子出嫁。⑪姻娅：亲家和连襟，泛指姻亲。⑫兢惕：戒惧。⑬惩革：鉴于前失而有所改变。

译文

贞观六年（632年），唐太宗对尚书左仆射房玄龄说：『近来山东的崔、卢、李、郑四个大姓，虽然几代以来逐渐衰败，但仍然依仗着他们旧有的名望，妄自尊大，称为士大夫。每当把女儿嫁给其他宗族，一定要大肆索要聘礼财物，以聘礼多者为尊贵，根据数量订立婚约，和市场上商人做买卖一样，很败坏风俗，扰乱了礼义法则。既然做事的尺度已经不适当，按理应当改革。』于是诏令吏部尚书高士廉、御史大夫韦挺、中书侍郎岑文本、礼部侍郎令狐德棻等人，校正姓氏名分，普遍检查天下的谱牒，同时依据史料记载，剪除浮华，确定真伪，忠正贤明的人褒奖举荐，违背礼法的人贬斥废黜，撰写成《氏族志》。高士廉等人在进呈审定的氏族等级时，于是以崔干为第一等。唐太宗对他们说：『我和山东的崔、卢、李、郑等家族，本来就没有怨仇，因为他们世代衰落，完全没有人做官，还自称士大夫，订立婚姻的时候，就大量索要财物，有的才能智识平庸低下，却骄傲自大，贩卖先人的名望，凭此跻身于富贵者的行列，我不明白社会上为什么尊重他们？况且士大夫有才能建立功勋，善待父母，忠孝品行可以称道，有的道德品质清正廉洁，学问技艺通达广博，这也足可以自立门户，可以称为士大夫。如今崔、卢等家族，只是夸耀远祖是士大夫，怎么能够比得上当朝的显贵呢？公卿以下的人，为什么要多送给他们钱物，同时给他增长气势，追逐虚名违背事实，以图获得荣耀。我如今校定氏族，真正的打算是尊崇树立当朝仕宦的地位，为什么还把崔干列为第一等，是不是反映出你们不认为我朝的官爵尊贵呢？不要考虑几代以前，只取今天的官职品级、人才高下作为等级确定的标准，应当一次考核确定，作为永远的标准。」于是把崔干定为第三等。到贞观十二年（638年）时，《氏族志》撰成，共一百卷，颁布天下。又下诏说：「氏族的光彩，的确是与仕宦的等级相联系，婚姻的原则，没有比仁义更重要的。自从北魏对天下失去控制，北齐灭亡，改朝换代，风俗变换，燕、赵地区古代的大姓，大多失去了士大夫身份的传承；齐、韩地区原有的望族，有的违背了礼义风化，名誉在地方上已经不显著，自身难免陷于贫贱。自称是名门大户的后裔，却不恪守缔结婚姻的礼仪，问名只为了窃取财物，嫁女儿一定嫁给富裕的人家。于是有新做了官的人，有钱的人家，仰慕他们的祖宗，竞相同他们缔结婚姻，多收取财物，就如同商人做买卖一样。有的自贬家门，受辱于姻亲；有的夸耀前人的名望，对公婆举止无礼。这种习气积累成为风俗，迄今为止没有停止，扰乱了人伦，对礼教大为有害。我日夜戒惧，为国家的治理而忧虑勤劳，前代的弊端，都已经加以改革，只有这个不好的风气，没有能够彻底改变。从今以后，明确加以昭告，使大家都明白婚姻嫁娶的规矩，努力符合礼制的要求，就达到我的目的了。」

评点 在中国古代社会，「礼」的一个重要作用就是对等级尊卑制度起到确认和强化作用。从魏晋到隋唐，社会结构和人们之间的地位关系发生了重大变化，统治者当然不允许礼制与此不协调。

礼部尚书王珪子敬直，尚太宗女南平公主。珪曰：「《礼》有妇见舅姑之仪，自近代风俗弊薄，公主出降，此礼皆废。主上钦明，动循法制，吾受公主谒见，岂为身荣，所以成国家之美耳。」遂与其妻就位而坐，令公主亲执巾，行盥馈①之道，礼成而退。太宗闻而称善。是后公主下降有舅姑者，皆遣备行此礼。

注释 ①盥馈：侍奉尊者或长者盥洗及进膳食。《仪礼·士昏礼》中有：「舅姑入于室，妇盥馈。」

译文 礼部尚书王珪的儿子敬直，娶了唐太宗的女儿南平公主。王珪说：「《礼经》中有儿媳妇见公婆的礼节，自从近代以来风俗衰败，公主出嫁，这个礼仪全废除了。陛下敬肃明察，行动遵循礼义法度，我接受公主拜见，难道是为了自身荣耀吗？是为了以此成全国家的美德。」于是王珪与妻子在位置上坐好，命公主亲自拿着手巾，行侍奉长者盥洗和进膳的礼节，礼节完成才退下。唐太宗听说之后说做得好。从此之后公主出嫁家中有公婆的，都让她们完整地行这个礼节。

评点 由于人的角色的复杂性，有些礼制和礼节之间难免产生冲突，最终应当以什么为标准，关键是看它们在维护社会稳定中的不同作用。在中国古代家国一体的社会结构下，「孝」在个人品德中处于核心的地位，因此备受人们的重视。

贞观十二年，太宗谓侍臣曰：『古者诸侯入朝，有汤沐之邑①，刍禾百车，待以客礼。昼坐正殿，夜设庭燎②，思与相见，问其劳苦。又汉家京城亦为诸郡立邸舍③。顷闻考使④至京者，皆赁房以坐，与商人杂居，才得容身而已。既待礼之不足，必是人多怨叹，岂肯竭情于共理哉？』乃令就京城闲坊⑤，为诸州考使各造邸第。及成，太宗亲幸观焉。

注释

①汤沐之邑：周代供诸侯朝见天子时住宿并沐浴斋戒的封地。《礼记·王制》中说：『方伯为朝天子，皆有汤沐之邑于天子之县内。』郑玄注曰：『给齐戒自絜清之用。浴用汤，沐用潘。』孔希旦《集解》曰：『方伯汤沐之邑在天子之县内者，即《左氏》、《公羊》所谓朝宿之邑也，《左氏》、《公羊》以在京师者为朝宿之邑，在泰山下者为汤沐之邑，其实京师及泰山下之邑，皆为朝王而居宿，皆所以齐戒自洁清也。』②庭燎：庭中照明的火炬。③邸舍：客馆。④考使：即朝集使，各郡每年进京报告郡政及财经情况的使节。⑤坊：古代把一个城邑划分为若干区，通称为坊。

译文

贞观十二年（638年），唐太宗对身边侍从的大臣说：『古代诸侯朝拜天子，都有供住宿并斋戒沐浴的封地，和一百车喂牲口的草料，用对待客人的礼节对待。白天居于正殿，晚上庭中点有火炬，天子想要与他们相见，要询问他们的劳苦。另外，汉代京城中也为各个郡都建有客馆。近来听说各郡到京城的朝集使，都租房子居住，与商人杂居在一起，地方小得仅能容纳一个人而已。既然接待的礼节不充分，一定会使人产生很多怨言和叹息，怎么能够竭尽全力同我一同治理国家呢』于是下令在京城空闲之处，为各个州郡的朝集使分别建造客馆。落成之后，唐太宗亲自前往察看。

评点

在中国古代的礼制中，宾礼作为『五礼』之一，是礼制的重要内容。所谓『宾礼』，即朝聘接见之礼，其作用是『以待四夷之君长与其使者』。

贞观十三年，礼部尚书王珪奏言：『准令，三品以上，遇亲王于路，不合下马，今皆违法申敬，有乖朝典①。』太宗曰：『卿辈欲自崇贵，卑我儿子耶？』魏征对曰：『汉、魏已来，亲王班②皆次三公下。今三品并天子六尚书九卿，为王下马，王所不宜当也。求诸故事，则无可凭，行之于今，又乖国宪，理诚不可。』帝曰：『国家立太子者，拟以为君。人之修短③，不在老幼。设无太子，则母弟次立。以此而言，安得轻我子耶？』征又曰：『殷人尚质④，有兄终弟及之义。自周已降，立嫡必长，所以绝庶孽之窥窬⑤，塞祸乱之源本。为国家者，所宜深慎。』太宗遂可王珪之奏。

注释

①朝典：朝廷的礼仪制度。②班：职位等次，位次，等级。③修短：指人的长处和短处。④质：朴实，纯朴，指没有繁琐的礼法，与『文』相对。⑤庶孽：妃妾所生之子。如何休注《春秋公羊传·襄公二十七年》『臣仆庶孽之事』说：『庶孽，众贱子，犹树之有孽生。』窥窬：觊觎，非分的希望或企图。

译文

贞观十三年（639年），礼部尚书王珪上奏说：『根据法令，三品以上的官员，在路上遇到亲王，不应当下马，如今官员都违背法令表达恭敬，与朝廷的礼仪制度有所背离。』唐太宗说：『你们想要自我抬高身份地位，看轻我的儿子吗？』魏征回答说：『汉魏以来，亲王的等级都低于三公。如今三品官员以及天子的六部尚书和九卿，都为亲王下马，这是亲王所不能承受的。根据往事，则没有凭据，行之于今，又违背国家制度，于理来说的确不可以。』唐太宗说：『国家设立太子，打算以他作为君主。人的品质高低，不在于年龄老幼。如果没有太子，那么他的同母弟弟根据次序就会立为太子。因此来说，怎么能够轻视我的儿子呢？』魏征又说：『商朝人崇尚质朴，有兄长去世弟弟继位的原则。从周代之后，所立的嫡子一定是年长者，用来断绝妃妾所生之子产生非分的企图，堵塞祸乱发生的根源。治理国家的人，应当非常慎重啊。』唐太宗于是同意了王珪的奏对。

评点 在古人看来，从一开始，礼就是为了维护社会秩序而产生的。因此在中国古代，礼本身就是这种社会秩序的体现，对于处于不同地位的人在社会生活中的方方面面都做了明确规定。同时，当在不同范围内人们的行为产生冲突或者混乱时，也要通过礼来协调，这时候，制度在礼制的确定中就会发生重要的作用。

贞观十四年，太宗谓礼官曰：『同爨尚有缌麻之恩①，而嫂叔无服，又舅之与姨，亲疏相似，而服之有殊，未为得礼，宜集学者详议。余有亲重而服轻者，亦附奏闻。』是月尚书八座与礼官定议曰：

臣窃闻之，礼所以决嫌疑②、定犹豫，别同异，明是非者也，非从天下，非从地出，人情而已矣。人道所先，在乎敦睦九族。九族敦睦，由乎亲亲，以近及远。亲属有等差，故丧纪有隆杀③，随恩之薄厚，皆称情以立文。原夫舅之与姨，虽为同气，推之于母，轻重相悬。何则？舅为母之本宗，姨乃外戚他

姓，求之母族，姨不与焉，考之经史，舅诚为重。故周王念齐，是称舅甥之国④；秦伯怀晋，实切《渭阳》之诗⑤。今在舅服止一时⑥之情，为姨居丧五月，徇名丧实，逐末弃本，此古人之情或有未达，所宜损益，实在兹乎。

《礼记》曰⑦：『兄弟之子犹子也，盖引而进之也。嫂叔之无服，盖推而远之也。』礼，继父同居则为之期，未尝同居则不为服。从母⑧之夫，舅之妻，二人相为服。或曰『同爨缌麻』。然则继父且非骨肉，服重由乎同爨，恩轻在乎异居。固知制服虽系于名文，盖亦缘恩之厚薄者也。或有长年之嫂，遇孩童之叔，劬劳鞠养⑨，情若所生，分饥共寒，契阔⑩偕老，譬同居之继父，方他人之同爨，情义之深浅，宁可同日而言哉？在其生也，乃爱同骨肉，于其死也，则推而远之，求之本源，深所未喻。若推而远之为是，则不可生而共居；生而共居为是，则不可死同行路。重其生而轻其死，厚其始而薄其终，称情立文，其义安在？且事嫂见称，载籍非一。郑仲虞⑪则恩礼甚笃，颜弘都⑫则竭诚致感，马援⑬则见之必冠，孔伋⑭则哭之为位⑮，此盖并躬践教义，仁深孝友，察其所行之旨，岂非先觉者欤？但于时上无哲王，礼非下之所议，遂使深情郁于千载，至理藏于万古，其来久矣，岂不惜哉！

今陛下以为尊卑之叙，虽焕乎已备，丧纪之制，或情理未安，爰命秩宗⑯，

详议损益。臣等奉遵明旨，触类傍求，采摭⑰群经，讨论传记，或抑或引，兼名兼实，损其有余，益其不足，使无文之礼咸秩⑱，敦睦之情毕举，变薄俗于既往，垂笃义于将来，信六籍⑲所不能谈，超百王而独得者也。

谨按曾祖父母，旧服齐衰三月，请加为齐衰五月；嫡子妇，

请加为期；众子妇，旧服小功㉒，今请与兄弟子妇同为大功九

无服，今请服小功五月。其弟妻及夫兄亦小功五月。舅，旧服缌麻，请加与从母同服小功五月。

诏从其议。此并魏征之词也。

注释

①同爨尚有缌麻之恩：《礼记·檀弓上》有：『同爨缌。』孔颖达疏曰：『既同爨而食，合有缌麻之亲。』同爨：同灶炊食，指同居，不分家。缌麻：古代丧服名。五服中之最轻者，孝服用细麻布制成，服期三月。凡本宗为高祖父母、曾伯叔祖父母、族伯叔父母、族兄弟及未嫁族姊妹，外姓中为表兄弟、岳父母等，均服之。②嫌疑：疑惑难辨的事理。③隆杀：尊卑、厚薄、高下。如《礼记·乡饮酒义》有：『至于众宾，升受，坐祭，立饮，不酢而降，隆杀之义别矣。』郑玄注曰：『尊者礼隆，卑者礼杀，尊卑别也。』④甥舅之国：《左传·成公二年》记载：『晋侯使巩朔献齐捷于周，王弗见，使单襄公辞焉，曰：「蛮夷戎狄，不式王命，淫湎毁常，王命伐之，则有献捷，王亲受而劳之，所以惩不敬，劝有功也。兄弟甥舅，侵败王略，王命伐之，告事而已，不献其功，所以敬亲昵，禁淫慝也。今叔父

伯、其敢废旧典以忝叔父？夫齐，甥舅之国也，而大师之后也，宁不亦淫从其欲以怒叔父，抑岂不可谏诲？」』⑤《渭阳》之诗：《诗经·秦风》中的一首诗，诗中有：『我送舅氏，曰至渭阳。』朱熹《集传》说：『舅氏，秦康公之舅，晋公子重耳也。出亡在外，穆公召而纳之。时康公为太子，送之渭阳而作此诗。』⑥一时：一个季节，三个月。⑦《礼记》曰：以下引文出自《礼记·檀弓》。⑧从母：母亲的姐妹，即姨母。⑨劬劳：劳累，劳苦。劬，音qú，辛苦。鞠养：抚养，养育。⑩契阔：辛劳，辛苦。⑪郑仲虞：名均，东汉时人。为人好义笃实，养寡嫂孤儿，恩礼敦至。兄子长，令别居并门，尽推财与之，使得一尊其母。⑫颜弘都：名含，东晋时人。传说颜含的哥哥去世之后，嫂子樊氏因病失明，颜含尽心奉养，医生告诉他蚺蛇胆能够治好嫂子的病，他便四处搜寻，最终因感动上天而寻获。⑬马援：东汉人，事嫂至恭，不冠不敢入庐拜见。⑭孔伋：即孔子的孙子子思。《礼记·檀弓》有：『子思之哭嫂也为位，妇人倡踊。』⑮为位：讲究次序。⑯秩宗：古代掌宗庙祭祀的官。⑰采摭：选取，采集摘录。⑱秩：次序。⑲信：同『伸』。六籍：即六经。⑳齐衰：丧服名，为五服之一，服用粗麻布制成，以其缉边缝齐，故称。服期有三年，有一年，有五月，有三月。㉑大功：丧服名，五服之一，服期九月，其服用熟麻布做成，较齐衰稍细，较小功为粗，故称大功。堂兄弟、未婚的堂姊妹、已婚的姑、姊妹、侄女及众孙、众子妇、侄妇等之丧，都服大功；已婚女为伯父、叔父、兄弟、侄、未婚姑、姊妹、侄女等服丧，也服大功。㉒小功：丧服名，五服之第四等，其服以熟麻布制成，较大功为细，较缌麻为粗，服期五个月。凡本宗为曾祖父母、伯叔祖父母、堂伯叔祖父母，未嫁祖姑、堂姑，已嫁堂姊妹，兄弟之妻，从堂兄弟及未嫁从堂姊妹；外亲为外祖父母、母舅、母姨等，均服之。

译文

贞观十四年（640年），唐太宗对掌管礼仪的官员说：『同灶饮食的人去世尚有服缌麻之丧的亲情，而叔

嫂之间却没有丧服，另外舅与姨，亲疏关系相似，但丧服却有差异，不符合礼义，应当召集学者详细地商讨。其他如果还有亲情紧密但丧服较轻者，也随同上奏。』当月尚书八座和掌管礼仪的官员共同拟定了一个意见，说：

我们听说，礼制的作用是用来断定疑惑难辨的事理、决定迟疑不决的事情、区别相同与差异、判明正确与错误，不是从天上掉下来的，也不是从地下冒出来的，只是根据人的情感而已。人伦关系最重要的，在于使九族亲厚和睦。九族亲厚和睦，由此就能够亲近与自己关系密切的人，并且可以由近及远。亲情关系有等级差别，所以丧事上也有厚薄之分，根据亲情的厚薄，都是依据实际情况而制定礼仪规范。考察舅和姨，虽然都是同胞，但从母亲的角度考察，轻重的差别就很明显了。为什么这样呢？舅是母亲本宗族之人，姨则是外姓亲戚，从母族进行考察，没有姨的位置，从经籍进行推究，舅的确重要。所以周王怀念齐国，将其成为甥舅之国；秦国国君怀念晋国，情意正如《渭阳》诗中的表达。如今对于舅的丧服只有三个月的礼制规定，对于姨要居丧五个月，迁就了虚名丧失了实际意义，追求末节而抛弃了根本，这是古人在思考时可能有不到的地方，所应当减少或增加的，实际就在这个地方。

《礼记》中说：『兄弟的儿子如同自己的儿子，是为了通过引导使关系更加亲近。叔嫂之间没有丧服，是为了通过推离使关系更加疏远。』根据礼制，继父和自己共同居住就为他服一年丧，没有共同居住就不用服丧。姨的丈夫，舅的妻子，二人的丧服一致。有人说同灶饮食就有缌麻之服。既然这样，那么继父既然与自己没有骨肉之亲，丧服较重原因就在于和自己同灶饮食，恩情淡薄就在于不在一起居住。因此可知丧服制度虽然关系到名分和仪节，也会根据恩情的厚薄来确定。或许有年龄较大的嫂子，遇到尚处于幼年的小叔子，辛苦抚养，感情上就像对待自己的亲生儿子一样，共渡饥寒，辛辛苦苦一起生活到老，比起一同居住的继父，比起其他同灶饮食者，情义的深浅，难道能够等同吗？在活着

的时候相互关爱如同骨肉，死了之后却要推离使之疏远，寻求这样做的根源，很难让人理解。如果推离使之疏远是对的，那么活着的时候就不能居住在一起；如果活着的时候居住在一起是对的，那么死了之后就不能像陌路人一样。活着时重视而死了后轻视，开始时感情深厚而最终却感情淡薄，依据情感来确定礼仪，它的道理在哪里呢？况且事奉嫂子被称赞的，典籍中的记载也并非绝无仅有。郑仲虞对待嫂子则情义和礼节都非常深厚完备，颜弘都对待嫂子因竭诚而感动上天，马援拜见嫂子总要戴上冠，子思哭嫂子依据亲疏的次序，这些人都是躬行教化之义，仁德深厚具有孝友之德，考察他们行为所依据的原则，难道不是先觉者吗？但他们当时由于上面没有圣明的君主，礼制又不是下面的人可以妄加议论的，于是使这种深厚的情感阻塞了千载，真切的道理埋藏了万年，事情已经沿袭很久了，难道不让人痛惜吗！

如今陛下认为尊卑之间的秩序，虽然已经焕然齐备，但丧礼的制度，有的在情理上还不稳妥，于是命令礼官，详细加以议论以有所增减。我们尊奉旨意，类推旁求，选取各种经典，讨论历代传记，有的舍弃有的引用，既注重名又注重实，减损其中多余的，增加其中不足的，使没有条理的礼仪都具有了秩序，敦实和睦的感情都得到体现，改变原来浅薄的风俗，以为将来留下信实的礼义，对六经所没有谈到的内容进行引申，这是超越历代帝王而独一无二的成就。

经慎重考证，对于曾祖父母，旧的丧服制度是齐衰三个月，请求加为齐衰五个月；对于嫡子的妻子，旧的丧服制度是九个月的大功，请求加为一年；对于其他诸子的妻子，旧的丧服制度是五个月的小功，现在请求与兄弟儿子的妻子一样同为大功九个月；对于叔嫂，原来没有丧服规定，如今请求服小功五个月。弟弟的妻子和丈夫的兄长也是小功五个月。对于舅，旧的丧服制度是缌麻三个月，请求加到与姨母一样服小功五个月。

诏令接受这个建议。这都是魏征所写的。

评点　孔子说：『礼云礼云，玉帛云乎哉？乐云乐云，钟鼓云乎哉？』（《论语·阳货》）『礼』必须有仁爱等精神实质贯穿其中，只有空洞的形式是没有意义的。因此，礼制本身必须与人们的精神需要相协调，否则很难深入人心。

贞观十七年十二月癸丑，太宗谓侍臣曰：『今日是朕生日。俗间以生日可为喜乐，在朕情，翻成感思。君临天下，富有四海，而追求侍养①，永不可得。仲由②怀负米之恨，良有以也。况《诗》云：「哀哀父母，生我劬劳③。」奈何以劬劳之辰，遂为宴乐之事！甚是乖于礼度。』因而泣下久之。

注释　①侍养：奉养，常指奉养父母。②仲由：即子路。《孔子家语·致思》记载：『子路见于孔子曰：「负重涉远，不择地而休；家贫亲老，不择禄而仕。昔者，由也事二亲之时，常食藜藿之食，为亲负米百里之外。亲殁之后，南游于楚，从车百乘，积粟万钟，累茵而坐，列鼎而食。愿欲食藜藿，为亲负米，不可复得也。枯鱼衔索，几何不蠹？二亲之寿，忽若过隙。」孔子曰：「由也事亲，可谓生事尽力，死事尽思者也。」』③哀哀父母，生我劬劳：出自《诗经·小雅·蓼莪》。

译文　贞观十七年（643年）十二月癸丑日，唐太宗对身边侍从的大臣说：『今天是我的生日。民间认为生日可以进行庆贺欢乐，在我心里，反而有所感怀和思考。作为君主治理天下，富有四海，而想要奉养父母，却永远也做不到了。子路有不能背着米奉养父母的遗憾，的确是有原因的。何况《诗经》中说：「哀伤我的父母，养我多么辛劳。」为什么在父母辛劳的时候，却做宴饮欢乐的事情！很违背礼义法度啊。』因此而落泪哭泣了很久。

评点　《礼记·礼器》中说：『经礼三百，曲礼三千。』《中庸》中又说：『礼仪三百，威仪三千。』在我国古代，礼的内容纷繁复杂，几乎涉及了人们社会生活的方方面面。

太常少卿祖孝孙奏所定新乐。太宗曰：『礼乐之作，是圣人缘物设教，以为撙节①，治政善恶，岂此之由？』御史大夫杜淹对曰：『前代兴亡，实由于乐。陈将亡也为《玉树后庭花》，齐将亡也而为《伴侣曲》，行路闻之，莫不悲泣，所谓亡国之音。以是观之，实由于乐。』太宗曰：『不然，夫音声岂能感人？欢者闻之则悦，哀者听之则悲。悲悦在于人心，非由乐也。将亡之政，其人心苦，然苦心相感，故闻之则悲耳。何乐声哀怨，能使悦者悲乎？今《玉树》、《伴侣》之曲，其声具存，朕能为公奏之，知公必不悲耳。』尚书右丞魏征进曰：『古人称：「礼云，礼云，玉帛云乎哉！乐云，乐云，钟鼓云乎哉②！」乐在人和，不由音调。』太宗然之。

注释　①撙节：抑制，节制。②礼云，礼云，玉帛云乎哉！乐云，乐云，钟鼓云乎哉：出自《论语·阳货》。

译文　太常少卿祖孝孙向唐太宗陈奏创作新乐曲的情况。唐太宗说：『礼乐的创作，是圣人根据人情而实施教化，用它们来约束人的行为，国家治理的好坏，难道是由于音乐吗？』御史大夫杜淹回答说：『前代的兴亡，的确是由于音乐。陈朝将要灭亡的时候做了《玉树后庭花》，南齐将要灭亡的时候做了《伴侣曲》，行路之人听到之后，都无不悲伤哭泣，这就是所谓的亡国之音。由此看来，的确是由于音乐。』唐太宗说：『不是这样，音乐的声音怎么能够感到人呢？欢乐的人听了之后则喜悦，哀伤的人听了之后则悲痛。悲痛和喜悦都在于人的心情，不是由于音乐。将要亡国的政治，使人民内心凄苦，然而凄苦之心与音乐产生共鸣，所以听到之后感到悲痛。什么音乐声音哀怨，能够使喜悦的人听了之后悲痛吗？如今《玉树》、《伴侣》等曲目，它们的乐曲都还在，我能为你们演奏，知道你们一定不会悲痛啊。』尚书右丞魏征进言说：『古人说：「礼啊，礼啊，说的是玉帛等物品吗！乐啊，乐啊，说的是钟鼓等乐器吗！」音乐的作用在于人的响应，不因为音调如何。』唐太宗认为他说得对。

评点 同礼一样，乐的教化作用也很早就受到华夏先民的注意。原因就在于『其本在人心之感于物』，乐与人的内心情感密切相关。

贞观七年，太常卿萧瑀奏言：『今《破陈乐舞》，天下之所共传，然美盛德之形容，尚有所未尽。前后之所破刘武周、薛举、窦建德、王世充等，臣愿图其形状，以写战胜攻取之容。』太宗曰：『朕当四方未定，因为天下救焚拯溺，故不获已，乃行战伐之事，所以人间遂有此舞，国家因兹亦制其曲。然雅乐之容，止得陈其梗概，若委曲①写之，则其状易识。朕以见在将相，多有曾经受彼驱使者，既经为一日君臣，今若重见其被擒获之势，必当有所不忍，我为此等，所以不为也。』萧瑀谢曰：『此事非臣思虑所及。』

注释 ①委曲：详述事情的原委。

译文 贞观七年（633年），太常卿萧瑀上奏说：『如今《破阵乐舞》，在天下人之间流传，但是用以赞美陛下盛德的表现，还不是很完善。您前后打败的刘武周、薛举、窦建德、王世充等，我希望能够画出他们的图形，以反映当时战胜攻取的场面。』唐太宗说：『我在天下还没有平定的时候，因为要拯救天下于水火之中，所以不得已，才进行攻打征伐之类的事情，这样民间才有了这个舞蹈，国家因此也创作了相应的曲子。但是雅乐所描述的，只是陈述事情的大概，如果详细加以描写，那么它的场面就容易被看透。我因为现在的将相，很多都是曾经在刘武周等人手下的，既然曾经是一段时间的君臣关系，如今如果重新看到他们被擒获的情况，一定心中会有所不忍，我为这个原因，所以不那么做。』萧瑀道歉说：『这件事情不是我的思虑能够达到的。』

评点 不同的音乐对人的情绪会产生不同的影响，在用乐教来感化人心时，必须掌握各种音乐的不同特征及其人的情感之间的关系。